Torbjørn Ekelund

*Mein Sohn und der Berg*

## Zu diesem Buch

In dem Sommer, als August sieben wird, begibt sich Torbjørn Ekelund mit seinem Sohn auf eine erste richtige Expedition. Mehrere Tage lang wandern sie durch das hügelige Gelände des Skrim-Massivs – immer dem Gipfel des Styggemann entgegen. Und während August selten geradeaus läuft, auf Felsen herumklettert und versucht, große Bäume mitsamt der Wurzel aus der Erde zu ziehen, ergründet sein Vater, wie Kinder die Welt um sich herum entdecken. Wieviel ausdauernder sie im Vergleich zu Erwachsenen sind. Und weshalb vor über hundert Jahren ein Junge in Augusts Alter in dieser Gegend verschwinden konnte. Berührend schreibt der Autor über die Kompromisslosigkeit der Natur und warum sie zugleich ein Quell unerschöpflicher Inspiration sein kann.

*Torbjørn Ekelund*, Jahrgang 1971, ist norwegischer Journalist und Autor. Er schreibt u. a. für die Tageszeitung *Dagbladet* und ist Mitherausgeber eines unabhängigen Buchverlags. So oft es geht, verbringt er seine freie Zeit in der Natur. Er hat das Onlinemagazin *harvest.as* mitbegründet, wo er über seine Abenteuer in der Wildnis berichtet. Von ihm erschien bereits der Band »Im Wald. Kleine Fluchten für das ganze Jahr«. Ekelund lebt mit seiner Familie in Oslo.

TORBJØRN EKELUND

## Unser Abenteuer in Norwegens Natur

Aus dem Norwegischen
von Andreas Brunstermann

Mit zwanzig farbigen Abbildungen

MALIK

Mehr über unsere Autoren und Bücher:
*www.malik.de*

Die norwegische Originalausgabe erschien 2017
unter dem Titel »Gutten og fjellet. En oppdagelsesreise i norsk natur«
bei Cappelen Damm, Oslo.

Die Übersetzung wurde gefördert von NORLA,
Norwegian Literature Abroad, Oslo.

FSC
www.fsc.org
MIX
Papier aus verantwortungsvollen Quellen
FSC® C083411

ISBN 978-3-89029-504-6

Fotos: Torbjørn Ekelund
Satz: Satz für Satz, Wangen im Allgäu
Litho: Lorenz & Zeller, Inning am Ammersee
Druck und Bindung: CPI books GmbH, Leck
Printed in Germany

See the child.

CORMAC MCCARTHY,
*BLOOD MERIDIAN*

Vermisstes Kind. Ein sechsjähriger Junge, Sohn von Kaufmann Torske aus Kongsberg, ist verschwunden. Er hielt sich mit seiner Mutter auf einem Almhof am Skrim auf. Einhundert Menschen sind ausgezogen und haben nach ihm gesucht – aber keine Spur.

*Nedenæs Amtstidende*, 14. Juli 1894

MEIN SOHN HEISST AUGUST. Dieses Buch handelt von ihm und von einer Wanderung, die wir in dem Sommer unternommen haben, als er sieben wurde. Wir nannten sie Expedition. Wir wanderten durch eine einsame Berglandschaft, nur er und ich. Alles, was wir brauchten, trugen wir mit uns. Zelt und Schlafsäcke, Liegematten und Ausrüstung, schwere Rucksäcke voller Proviant. Das Gelände war hügelig, und das Wetter war schlecht. Wir begegneten so gut wie niemandem.

Das Gebirge, in das wir gingen, heißt Skrim. Es liegt unmittelbar südlich von Kongsberg und gilt als kleinste zusammenhängende Gebirgslandschaft Norwegens. Es hat eine Fläche von dreiunddreißig Quadratkilometern, große Teile davon stehen unter Naturschutz. Das Gelände ist von zahlreichen Erhebungen durchzogen. Die ganze Zeit geht es bergauf und bergab, was das Wandern recht anstrengend macht. Das eigentliche Skrim-Massiv, die höchste Erhebung der Gegend, besteht aus mehreren hohen Gipfeln. Der höchste davon heißt Styggemann und liegt 872 Meter über dem Meer. In einem größeren Zusammenhang betrachtet, ist er nicht sehr hoch, doch in dieser Landschaft wirkt er wie ein wuchtiger Koloss.

Das Ziel der Expedition bestand darin, den Gipfel des Styggemann zu besteigen. Für einen Erwachsenen ist er eine normale Tagesetappe von dem Ort entfernt, an dem wir losgingen – sofern man den kürzesten Weg wählt. Wir aber wollten nicht den kürzesten Weg nehmen. Wir wollten nach Lust und Laune umherstreifen, uns dabei so viel Zeit nehmen, wie wir brauchten, unser Lager aufschlagen, wenn es Abend würde, und am nächsten Tag weitergehen.

Für August war die Expedition ein Abenteuer. Im Zelt schlafen, ein Lagerfeuer entfachen, im Gebirge herumklettern und Stöckchen schnitzen – das Leben in der Wildnis, in seiner reinsten Form. Für mich war es das auch, aber ich hatte noch einen weiteren Beweggrund. Es gab etwas, das ich herausfinden wollte. Etwas, das mich lange Zeit beschäftigt hatte und das ich nicht aus dem Kopf bekam.

Es war eine Geschichte, auf die ich zufällig gestoßen war. Sie handelt von einem Jungen, der sich vor über hundert Jahren in diesem Gebirge verlaufen hatte. Sein Name war Hans Torske. Er war sechs Jahre alt, als er spurlos verschwand. Ungefähr so alt wie August jetzt.

Die wenigen schriftlichen Quellen, die ich fand, gaben seine Geschichte nur spärlich wieder. Ich dachte an ihn von morgens bis abends. Ein kleiner Mensch in der großen Natur. Ich konnte ihn nicht vergessen.

ES IST MITTSOMMER. Wir schreiben das Jahr 1894. Durch eine weite, einsame Landschaft läuft ein Junge. Zwischen Bäumen und Bergen ist er bloß ein winziger Punkt, ein kleiner Mensch. Es ist heiß. Er trägt kurze Hosen, Hemd und Jacke. Auf dem Kopf eine Mütze. Er hat keine Schuhe.

Der Junge läuft allein. Durch das Dickicht und das Moor. Er erklimmt Felsrücken und steigt über Bäche hinweg. Die Wälder sind düster, der Boden ist feucht und mit Farnkraut und Moos bedeckt. Das Moos dämpft seine Schritte. Das Farnkraut reicht ihm bis zu den Schultern. Er läuft über blank gewetzte Felsen, die wellig sind und warm, beinahe weiß im Licht der Sonne.

Er dreht sich um und blickt über die Landschaft. In der Ferne unten sieht er Holzhäuser, Ackerstreifen und seine Heimatstadt Kongsberg. Dort wohnt er mit seiner Mutter, seinem Vater und seinem älteren Bruder. Früher hatte er noch drei weitere Geschwister, aber die sind alle gestorben. Der Vater und der Bruder sind in der Stadt geblieben, nur der Junge und seine Mutter haben sich zum Almhof aufgemacht. Die Mutter leidet an Tuberkulose. Sie braucht Ruhe und frische Luft, deshalb sind sie dort hingegangen.

Der Junge hat heute Geburtstag. Oder war das gestern? Er weiß nicht mehr, wie viele Tage vergangen sind, seit er sich verirrt hat. Er ist jetzt sechs Jahre alt. Sie wollten auf dem Hof feiern, sein Bruder hat ein Segelboot aus Holz geschnitzt, das der Junge als Geschenk bekommen sollte. Aber das weiß der kleine Junge nicht, als er dort steht und nach Norden sieht, auf die Bauernhöfe und die Stadt, die Rettung bedeuten.

Er blickt umher. Er weiß nicht, wo er ist. Es ist schon eine Weile her, dass er die Orientierung verloren hat. Er erinnert sich nicht mehr, wo er abgebogen ist oder welche Richtung er eingeschlagen hat. Vielleicht ist er immer geradeaus gelaufen? Vielleicht ist er im Kreis gelaufen? Er kennt sich in dieser Gegend nicht aus, er ist hier nie zuvor gewesen.

Er geht weiter, immer bergauf. Ein Felsgipfel gleicht dem anderen. Die Bäume, die Moore – alles sieht gleich aus. Die Stunden vergehen. Er ist erschöpft. Stillt seinen Durst in einem Bach. Findet ein paar Beeren, die den schlimmsten Hunger lindern.

Es wird dunkler. Der Junge kommt immer höher hinauf. Er läuft weiter. Dreht sich um. Bleibt abermals stehen. Vielleicht weint er. Vielleicht ruft er. Vielleicht ist ihm klar geworden, dass er den Weg nach Hause nicht finden wird.

ICH HABE ZWEI KINDER, eine zehnjährige Tochter und einen Sohn, der sieben ist. Sie waren einmal Babys, hilflose Geschöpfe, die kaum an Menschen erinnerten. Sie konnten weder laufen noch sprechen. Sie waren außerstande, sich selbst zu versorgen, und abhängig von jemandem, der sich um sie kümmerte.

Nun sind sie groß. Sie können schon viel und lernen immer mehr dazu. Und doch halte ich sie immer noch für hilflos. Ich fürchte mich vor allem, was ihnen zustoßen könnte, vor den überall lauernden Gefahren. Deshalb tue ich alles Erdenkliche, um sie zu beschützen. Die ganze Zeit, jeden Tag. Ich weiß, dass sie Freiheit brauchen, um lernen zu können. Dass wir ihnen Raum für eigene Erfahrungen geben müssen, damit sie ihr Leben zu einem späteren Zeitpunkt allein meistern können. Sie werden nicht immer Kinder sein. Sie werden älter, werden zu Erwachsenen wie wir. Eines Tages bekommen sie vielleicht selbst Kinder. Dann beherrschen sie die Welt, und es werden andere sein, die lernen.

Das alles weiß ich.

Und doch wache ich über sie.

Ich kann nicht anders.

Auch ich war einmal Kind. Jemand passte auf mich auf und erzog mich. Manchmal blicke ich auf mein Leben zurück und frage mich, was mich zu dem gemacht hat, der ich bin.

Die Wertvorstellungen meiner Eltern, die Umgebung, die Freunde, die Schule und die Zeit, in der ich aufwuchs.

Ich erinnere mich an all das. Gleichwohl gibt es etwas, das sich daraus hervorhebt und aus heutiger Sicht bedeutender erscheint als alles andere: Ich lernte, mich in der Natur zurechtzufinden. Und mir wurde vermittelt, dass die Natur einen Wert an sich darstellt. Schon früh im Leben hat sich dieses Verständnis in mir verfestigt. Ich begriff, dass die Natur wichtig ist für die Menschen und dass sie sich im positiven wie im negativen Sinn auf unser Leben auswirkt. Das Verhältnis zwischen Mensch und Natur nahm in der Weltsicht meiner Familie einen zentralen Platz ein. Die Natur schafft die Bedingungen für alles Leben, auch für unser eigenes. Wir sind von der Natur abhängig – nicht nur als Nahrungsquelle, sondern auch, weil sie Perspektiven eröffnet, weil sie die Quelle für Erfahrungen, Freiheit und Freude ist. Die Natur kann sanft sein, sich aber auch gnadenlos zeigen. Und vor allem: Sie verlangt Respekt.

Zu Beginn war mein Verhältnis zur Natur intuitiv und ohne Worte. Später konnte ich es besser einordnen – es hatte etwas mit Identität zu tun, also dem, was am ehesten beschrieb, wer ich war. Ich war jemand, der sich gern in der Natur aufhielt. Dort fühlte ich mich zu Hause. Ich hatte das Gefühl, dass ich das Leben in der Natur beherrschte, dass ich es verstand und auf eigenartige Weise damit verbunden war. Doch ich wurde älter, und im Laufe der Jahre vergaß ich all das oder schob es in den Hintergrund. Es musste Dingen weichen, die ich zu jener Zeit für wichtiger hielt und die vielleicht auch wichtiger waren.

Nach der Geburt meiner Kinder dann wurde ich an die Funktion erinnert, die der Natur in unserem Leben zukommt. Nicht unmittelbar danach, denn erst einmal musste ich mich mit anderem beschäftigen. Alles war neu, ich wurde mit Schlafrhythmen, Windeln und Dingen konfrontiert, mit denen ich zuvor nie zu tun gehabt hatte. Aber ziemlich schnell wurde mir dann klar, dass diese kleinen Geschöpfe gern im Freien waren. Es war bemerkenswert: Lange bevor sie laufen konnten, krochen sie begeistert in der Natur herum und griffen mit ihren kleinen Händen nach allem Möglichen, hoben es auf, untersuchten es, steckten es in den Mund, spuckten es wieder aus oder verschluckten es. Stöckchen und Fliegen und Regenwürmer und Steine – es gab nichts, was sie nicht interessant fanden. Für uns Erwachsene, die danebenstanden und zusahen, war deutlich zu erkennen, dass diese Wesensart tief in der Natur der kleinen Menschen verankert lag. Sie mussten es weder lernen noch dazu ermutigt werden. Wir mussten nur die Tür öffnen und sie hinauslassen. Der Rest ergab sich von allein.

Wir waren viel im Freien. Oft direkt hinter dem Haus oder im Garten, im nächstgelegenen Wald oder in der Wochenendhütte am Meer. Die Kinder verlangten nicht viel, bloß Zugang zu einer natürlichen Welt, einem Ort, der nicht von Menschen bearbeitet oder als Spielplatz ausgewiesen war. Etwas, wo sie herumstöbern und was sie auf eigene Faust erforschen konnten.

Und genau das taten sie dann auch. Sie inspizierten die Gegend und erkundeten sie – auf taktile, visuelle oder auditive Weise –, entdeckten alle erdenklichen kleinen und großen Zusammenhänge zwischen Ursache und Wirkung. Stundenlang konnten sie sich mit unbedeutenden Fleckchen in der Natur beschäftigen, die einem Erwachsenen gar nicht aufgefallen wären. Und während ich sie beobachtete, erinnerte ich mich daran, dass ich das Gleiche getan hatte, als ich Kind gewesen war. Nichts hatte ich lieber gemacht, als in eine kleine Welt abzutauchen und dort zu verweilen. Einer Ameisenstraße folgen und herausfinden, wo sie endet. Vom Ufer aus Flussbarsche beobachten, diese kleinen Geschöpfe mit den zitternden Brustflossen, die sich im Wasser auf und ab bewegen. Das Einzige, was mich wirklich fesselte, war das, was direkt vor meinen Augen geschah. Es war das Dasein in seiner ursprünglichsten Form.

Aus diesem Grund wollte ich meinen Kindern unbedingt beibringen, auf die Vielfalt, die Prozesse und die Entwicklungen in der Natur zu achten. Es war mir wichtig, dass sie den inneren Zusammenhang zwischen den verschiedenen Bestandteilen der Natur erkannten und ein Verständnis dafür entwickelten, wie diese Bereiche des Lebens voneinander abhängen und aufeinander einwirken. Ich wollte, dass sie begriffen, wie die Natur als Ganzes, als große Maschinerie, alles Leben auf eine Art und Weise lenkt, dass es sich selbst versorgen und erhalten kann.

Es geht dabei um eine tiefe, existenzielle Erfahrung, über die man in der Schule nichts lernen und die man im Internet nicht recherchieren kann. Es geht um Gefühle, die in winzigen, kurzen Augenblicken entstehen; Erlebnisse, die man immer in sich trägt, die mit fortschreitendem Alter an Bedeutung gewinnen und die dazu beitragen, sich als der Mensch zu verstehen, der man ist.

Erkenntnisse, die man vielleicht nie gewonnen hätte, wenn man als Kind nicht mit der Natur vertraut geworden wäre – zum Beispiel, indem man über einen feuchten Waldweg krabbelte und sich dabei Schnecken oder Regenwürmer in den Mund steckte. Oder indem man mit seinem Vater auf Zelttour ging, in dem Sommer, als man sieben Jahre alt wurde.

Das einsame Gebirge zwischen Kongsberg und Skien wird Skrim genannt. Es ist nicht sonderlich hoch, reicht kaum an die tausend Meter heran, ist aber für seine Wildheit bekannt. Spitze, steile Berggipfel durchziehen die endlosen Hochmoore [...] Man kann auf einem Gipfel stehen, hinüber zum anderen sehen und dabei denken, dass es einfach sein müsste, dort hinzugelangen. Aber geht man erst einmal los, gerät man fast immer in unerquickliche Schwierigkeiten. Das Gelände zwischen den Gipfeln ist von tiefen Felsspalten und Klüften durchzogen, in der ganzen Umgebung gibt es unendlich viele dunkle Bergseen und heimtückische Moorlöcher, die der Landschaft eine magische und bedrohliche Aura verleihen. Mehr als nur einer hat sich im Laufe der Jahre dort verirrt [...] Sogar Jäger und Fischer aus der Stadt, die die Landschaft wie ihre eigene Westentasche kennen, können niemals sicher sein, sich in der Gegend nicht zu verlaufen. Kommen Unwetter und Nebel hinzu, braucht man schon sehr viel Glück, um nicht eine oder mehrere Nächte unter einem Baum oder einem Felsüberhang verbringen zu müssen.

Andreas Eriksen, »Hansemann i Skrim«,
*Telemark Arbeiderblad*, 20. August 1950

AUGUST WAR VIER JAHRE ALT, als er zum ersten Mal im Zelt schlief. Wir waren allein, er und ich, an einem regnerischen Tag in der Nordmarka, ein Stück nördlich von Oslo.

Wir gingen nicht weit. Dennoch musste ich ihn über lange Strecken hinweg bis zum Lagerplatz auf den Schultern tragen und über noch längere auf dem Weg zurück. Ab und an kam es vor, dass er selbst laufen wollte. Ich folgte ihm dann durch den grünen Wald und beobachtete, was er tat. Nicht ein einziges Mal lief er einfach nur geradeaus, sondern er rannte hierhin und dorthin. Er las alle lose herumliegenden Gegenstände auf, und davon gab es nicht wenige. Er versuchte, große Bäume umzustürzen oder mitsamt der Wurzel herauszuziehen. Er kletterte auf Felsen, die aus dem Boden herausragten. Er stolperte, fiel hin und stand wieder auf. Er war nicht fähig, Entfernungen abzuschätzen oder seine Kräfte richtig zu bemessen.

Wenn er sich stark fühlte und ihm danach war, rannte er los.

Wenn er nicht mehr konnte, legte er sich hin.

Andauernd beklagte er sich: Er fühlte sich müde, er war nass geworden, ihm war kalt. Als wir am nächsten Tag nach Hause kamen, fürchtete ich einen Moment lang, dass ihn die Unternehmung traumatisiert haben könnte. Aber das war nicht der Fall. In den Monaten danach sprach er ständig von der Übernachtung im Zelt, ohne dabei im Geringsten frustriert zu wirken.

Es schien, als hätte er alles Unangenehme vergessen und nur die schönen Dinge in Erinnerung behalten.

»Ich möchte das noch mal machen«, sagte er.

Und so machten wir es noch mal.

Im folgenden Jahr unternahmen wir weitere Touren mit Übernachtung im Zelt. Alle waren kurz und überschaubar. August feierte seinen fünften Geburtstag, August feierte seinen sechsten Geburtstag. An einem dunklen Herbstabend sagte ich: »Vielleicht sollten wir mal eine richtige Expedition machen, nur du und ich?«

Er erwiderte: »Ja! Wann? Jetzt?«

»Nein, nicht jetzt. Wir müssen bis zum nächsten Sommer warten. Wenn du die erste Klasse hinter dir hast, dann bist du wohl groß genug dafür«, antwortete ich und erklärte ihm, es sei gut, dass es bis zum nächsten Sommer noch eine ganze Weile dauern werde, denn in der Zeit bis dahin müssten wir eine Menge vorbereiten. Wir müssten überlegen, wohin wir fahren wollten. Wir müssten unsere Ausrüstung überprüfen und nachschauen, was wir hatten und was wir noch alles brauchten.

Das sah er genauso.

Ich bat ihn, aufzuschreiben, welche Ausrüstungsgegenstände er schon besaß. Er schrieb MESSER auf ein weißes Blatt, mit dem R verkehrt herum. Das war alles, was er hatte. Ein Pfadfindermesser, das ich ihm in dem Sommer gekauft hatte, als er fünf wurde. Ein Messer mit einer hellen Lederscheide und einem lackierten weißen Holzgriff, dessen Ende rot angemalt war. Das war nicht viel, doch hätten wir vor dreihundert Jahren gelebt, hätte ich vielleicht gedacht, dass es genug sei.

August schien enttäuscht zu sein.

»Jetzt fehlt dir nur noch eine Unterhose, dann hättest du die gleiche Ausrüstung wie Tarzan«, sagte ich.

»Du bist nicht witzig«, gab er zurück.

Er saß auf dem Sofa und schaute auf das weiße Blatt Papier auf dem Tisch vor sich. Ich konnte ihm ansehen, dass er nachdachte, und nach einer Weile fielen ihm weitere Dinge ein, die er bereits besaß. Mit ein wenig Hilfe von mir schrieb er sie auf:

SCHLAFSACK
ANGELRUTE
CROCS
STOCKBROT
WASSERFLASCHE

In den folgenden Wochen schmiedeten wir Pläne. Ich plane gern im Voraus und stelle mir Ereignisse vor, die irgendwann in der Zukunft stattfinden sollen. August hat weder zur Zukunft noch zur Vergangenheit irgendeine Beziehung. Manchmal fragt er mich vielleicht, wie lange es noch bis zum Wochenende dauert oder was wir gestern gemacht haben. Abgesehen davon ist er ein Mensch, der seine gesamte Zeit in der Gegenwart verbringt. Vorausplanungen mag er nicht.

Der Herbst ging in den Winter über. August vergaß die Expedition und vertiefte sich in andere Dinge. Ich vergaß sie nicht, und nachdem er eingeschlafen war, saß ich abends oft am Küchentisch und studierte die darauf ausgebreitete Karte im gelben Licht der Lampe.

Ich zog verschiedene Gegenden in Erwägung.

Hardangervidda.

Femundsmarka.

Børgefjell.

Rondane.

Dann plötzlich kam mir der Skrim in den Sinn. Eine kleine Berglandschaft für einen kleinen Jungen. Genau dort, in dieser Landschaft, sollte unsere Expedition stattfinden.

Ich begann mit den Vorbereitungen und überprüfte die Ausrüstung. Ich schrieb auf, was uns fehlte, und ich besorgte mir Bücher über den Skrim, über die dortige Flora und Fauna, Geologie und Geschichte. Ich hatte eine vergilbte und abgegriffene Landkarte aus den 1970er-Jahren. Sie stammte noch von meinem Vater und war wohl die Karte, die wir benutzt hatten, als ich selbst noch ein Kind gewesen war. Ich suchte nach Landkarten jüngeren Datums und wurde bald fündig.

Die *Skrim: Wander- und Loipenkarte* war eine farbige Neuauflage der Karte aus den Siebzigern, mit praktischen Informationen und historischen Kuriositäten auf der Rückseite.

Mein Blick fiel auf eine Notiz mit dem Titel »Gedenkstätten«. Etwas weiter darunter stand:

*Hans Torske war sechs Jahre alt, als er sich beim Breistul-Almhof, nordwestlich des Styggemann, verirrte. Eine Suche wurde eingeleitet. Ohne Ergebnis […] Erfahrungen aus jüngerer Zeit haben gezeigt, dass Kinder im Zustand der Erschöpfung über ein ungeheures Durchhaltevermögen und einen großen Aktionsradius verfügen. Außerdem neigen verirrte Kinder dazu, sich bergauf zu bewegen – was ihnen möglicherweise ein größeres Sicherheitsgefühl gibt …*

Ich sah mir auf der Karte das Gebiet nordwestlich des Styggemann an. Am Fuß des Gebirges, wo die Landschaft abflachte, waren drei Almhöfe eingezeichnet, jeder davon mit einer Handvoll Gebäuden. Einer der Höfe hieß Breistul. Die Luftlinie zwischen dem Breistul-Hof und dem Styggemann betrug nicht mehr als ein paar Kilometer, aber die Höhenlinien auf der Karte zeigten an, dass das Gelände dort stark anstieg und dass es zwischen dem Almhof und dem Berggipfel einen Höhenunterschied von etwa fünfhundert Metern gab.

Irgendetwas geschah damals mit mir. Die Notiz auf der Karte klang so unverzagt, ja beinahe optimistisch, als wäre das Verschwinden eines Kindes etwas Alltägliches, das im Skrim-Gebirge ständig vorkam.

Ich konnte nicht aufhören, an diesen Jungen zu denken. Mich beschäftigte weniger, dass er vielleicht Hunger verspürt oder gefroren hatte, sondern dass er dort ganz allein gewesen war. Ich sah ihn vor mir, klein und verlassen in der Landschaft. Er will nach Hause, weiß aber nicht, in welche Richtung er gehen soll. Er möchte, dass ihm jemand hilft, aber niemand kann ihm helfen, weil niemand weiß, wo er ist.

Er verkörperte eine universelle Bedingung der Existenz: Der Mensch in seiner Winzigkeit trifft auf die vernichtende Überlegenheit der Natur.

Der Junge von der kleinen Notiz verlieh uns allen eine Gestalt.

Und plötzlich bekam die Expedition einen doppelten Sinn.

ES IST EINER DER HELLSTEN TAGE DES JAHRES. Wir stehen auf einem Parkplatz am Ende einer kiesbedeckten Straße. Im Osten ragt eine steile Felswand in den Himmel. Im Westen liegt ein See, dessen Oberfläche sich in der milden Vormittagsbrise sanft kräuselt. Vor uns liegt der Skrim.

Zuvor hatten wir an einer Sperre unten im Tal gehalten, um eine Angelerlaubnis zu kaufen. Das funktionierte so wie immer: In einem verwitterten Kästchen unter einer Anschlagtafel mit Zetteln zum Abreißen und rostigen Reißzwecken lagen feuchte Briefumschläge für das Geld. Darunter befand sich ein schmaler Schlitz in einem Eisenzylinder, der vermutlich von dem handwerklich begabtesten Mitglied im Vorstand des angrenzenden Hüttenfeldes zusammengeschweißt worden war. Die Angellizenz kostete so gut wie nichts, aber die Dicke des Eisenzylinders und die gründlich ausgeführten Schweißnähte ließen vermuten, dass sich ein Schatz darin befinden musste, der viele Millionen wert war. Wir stopften das Geld in einen Umschlag und den Umschlag in den Zylinder. Dann fuhren wir weiter.

Abgesehen von unserem Auto ist der Parkplatz leer. Bis zum Ferienbeginn dauert es noch ein paar Wochen. Die meisten Menschen sind bei der Arbeit.

Wir schnüren unsere Wanderstiefel und schultern die Rucksäcke.

Augusts Rucksack ist blau und sauber und so gut wie neu. Er hat ihn von seinem Großvater zu Weihnachten bekommen. Der Rucksack fasst fünfzehn Liter und reicht August von seinem blonden Hinterkopf bis zur Rückenmitte. Der Rucksack ist nicht groß, aber das ist August auch nicht.

Vierundzwanzig Kilo.

Hundertzwanzig Zentimeter auf Socken.

Gerade fertig mit der ersten Klasse. Er schreibt das R jetzt nicht mehr verkehrt herum. Er ist größer geworden, doch gemessen an dem, was uns bevorsteht, bin ich mir nicht sicher, ob er groß genug ist.

Mein Rucksack ist fast so groß wie August und wiegt mehr als er. Er fasst hundert Liter. Wir haben so wenig wie möglich eingepackt, aber für einen Rücken allein ist das mehr als genug.

Auch ein Paar Trekkingstöcke habe ich mitgenommen. Die wollte ich angesichts des schweren Rucksacks als Stütze verwenden, doch nun möchte August sie haben. Ich stelle sie auf seine Körpergröße ein.

Danach vergewissere ich mich, dass der Wagen verschlossen ist. Ich habe ihn noch nie für längere Zeit in einem Wald stehen gelassen, allein der Gedanke beunruhigt mich. Ich drücke auf den Schließknopf an der Fernbedienung und überprüfe die Türgriffe. Dann mache ich dasselbe noch einmal.

»Du hast das schon überprüft«, sagt August.

»Ich weiß«, erwidere ich.

Der Autoschlüssel wandert in meine Tasche, dann entscheide ich mich aber anders und lasse den Rucksack wieder auf den Boden hinunter. Ich lege den Schlüssel in die kleine Reißverschlusstasche unter der Abdeckung, doch zuerst sehe ich ein letztes Mal nach, ob der Wagen verschlossen ist. Dann ziehe ich den Reißverschluss zu, befestige die Abdeckung und nehme den Rucksack auf die Schultern.

August starrt mich an.
Dann gehen wir los.

Wir passieren eine Schranke, die Fahrzeuge daran hindern soll, dem Weg weiter zu folgen. August stapft mit seinem blauen Rucksack und den Trekkingstöcken davon und strahlt dabei eine Leichtigkeit aus, die mir verrät, dass er mit dem Leben in diesem Moment völlig zufrieden ist.

Ich bin hier früher schon gewesen und weiß, was uns erwartet. August ist auf dem Weg ins Unbekannte. Ich laufe hinter ihm her und denke an den Hobbit Sam aus *Herr der Ringe*. Nachdem er und Frodo ihren gefährlichen Auftrag bekommen haben, steht er zu Beginn ihrer langen Reise am Rand des Ackers, der die Grenze zum Auenland markiert, und sagt: »Wenn ich noch einen Schritt mache, bin ich so weit von zu Hause fort wie noch nie zuvor.«

Am Skrim gibt es viele Startpunkte für eine Wanderung. Unserer liegt an der östlichen Grenze, am Anfang des Tals, wo der Numedalslågen weiter in Richtung Larvik und Meer fließt.

Nach einem Kilometer kommen wir zu einer der vielen Wanderhütten, die es hier gibt. Weit und breit ist kein Mensch zu sehen, doch es ist klar zu erkennen, dass der Ort häufig aufgesucht wird. Das Hauptgebäude ist groß und schwarz gestrichen. Am Ufer liegen Kanus und Boote vertäut. Die Hütte befindet sich auf der Südseite eines Sees. Auf der anderen Seite beginnt das eigentliche Skrim-Massiv, mit dem Styggemann als höchstem Punkt. Wir können den Gipfel nicht sehen, wissen aber, dass er irgendwo hinter den Hügeln liegt.

Er kann drei Tagesmärsche entfernt sein.

Oder fünf.

Oder sieben.

Oder wir kehren um und erreichen ihn nie.

Es kommt darauf an, wie man es betrachtet. Überhaupt kommt es auf verschiedene Bedingungen an – auf das Wetter und die Motivation, auf die Gesundheit und die Form –, doch ich glaube, dass wir auf das meiste vorbereitet sind. Und wir haben genügend Zeit. Darauf kommt es nicht an.

Ich habe versucht, mir vorzustellen, wie ein Siebenjähriger so eine Wanderung erlebt. Als ich in Augusts Alter war, wohnten wir in der Nähe eines Waldgebietes, und etwas weiter im Wald war eine Lichtung. Dort gab es einen Fußballplatz und einen sanften Hügel, den wir im Winter auf Skiern hinunterfahren konnten. Einmal bin ich als Erwachsener dahin zurückgekehrt. Die Lichtung war nicht groß und lag auch nicht weit von dem Ort entfernt, in dem wir wohnten. Allerdings war ich überrascht von der Größe des Waldes, zumal ich das Gegenteil erwartet hatte. Wenn man etwas wiedersieht, das einem als Kind groß vorgekommen ist, wundert man sich für gewöhnlich darüber, wie klein es in Wirklichkeit ist.

Aber mit diesem Wald war es genau umgekehrt. Er war viel größer, als ich ihn in Erinnerung hatte. Obwohl wir uns jeden Tag nach der Schule dort aufgehalten hatten, glaube ich nicht, dass wir den Wald je durchquerten. Wir waren bis zu einem bestimmten Punkt gegangen und nicht weiter. Wir hatten einen instinktiven Respekt vor dem Wald gehabt. Vielleicht war es die Angst vor dem Unbekannten, die uns daran hinderte weiterzugehen. Die Vorstellung, dass wir eine unsichtbare Linie überschritten, wenn wir den Weg fortsetzten, und dass wir uns, ohne es zu ahnen, plötzlich auf dem Territorium anderer Menschen befinden könnten, die auf der anderen Seite des Waldes lebten und uns unbekannt waren.

Ich bin schon einmal auf dem Styggemann gewesen. August noch nicht, aber er hat viel an den Berggipfel gedacht, und er freut sich darauf. Worauf genau er sich freut, ist jedoch schwer zu sagen. Vermutlich darauf, oben auf dem Gipfel zu stehen. Kinder träumen oft von Momenten, in denen die Mühsal endet und der Sieg sicher ist. Im Fernsehen sehen sie sich gern Siegerehrungen bei Sportveranstaltungen an. Menschen, die Pokale in die Höhe halten. Auch August träumt von Abenteuern, die erfolgreich für ihn ausgehen. Stets ist er der Held in seinen Geschichten.

An der Wanderhütte legen wir eine Pause ein. Wir lehnen die Rucksäcke an zwei Bäume und setzen uns auf einen der Länge nach geteilten Baumstamm, der als Bank vor einer Feuerstelle dient. Wir trinken aus den Wasserflaschen und essen Erdnüsse. August hat einen Buchfinken entdeckt, der auf dem feuchten Boden umhertrippelt und schräg zu uns aufsieht. August will ihm Erdnüsse geben. Ich sage, dass ich das nicht für schlau halte, weil die Nüsse salzig sind und Salz nicht gut für Vögel ist. Vermutlich wird er ihm trotzdem heimlich ein paar Nüsse zuwerfen, bevor wir weitergehen. Der Buchfink wird schon überleben. Falls er Durst bekommt, liegt hinter ihm ein ganzer See.

Über einen als Wanderweg ausgewiesenen Pfad geht es weiter. Wir drehen uns noch einmal um und werfen einen Blick auf die Hütte. Jetzt lassen wir den letzten Rest Zivilisation hinter uns, und zum ersten Mal sehen wir das Gelände, das wir im Laufe der nächsten Tage durchstreifen werden. Moor- und Heideflächen, die mit Blaubeersträuchern und Torfbrombeeren bedeckt sind. Große, flache Felspartien. Krüppelbirken, Kiefern und gekrümmte alte Fichten.

Das Wort *skrim* stammt aus dem Altnorwegischen und bedeutet »schwaches Licht«. Das Verb *skrima* bedeutet »sich dunkel zeigen« oder »als dunkel erscheinen«. Es gibt noch weitere Vermutungen darüber, was diese Wörter bedeuten und woher der Skrim diesen Namen hat, aber die erste Definition stimmt ganz gut mit der Wirklichkeit überein. Von Kongsberg und den nahe gelegenen Bauernhöfen in Sandsvær aus kann man das ganze Skrim-Massiv als einen großen schwarzen Schatten in der Landschaft erkennen. Es ragt hinter den Wäldern im Südwesten auf, eine dunkle Gebirgsformation mit dem Styggemann im Zentrum, der sich messerscharf vor dem Himmel abzeichnet.

»Jetzt habe ich Heimweh, aber ich werde nicht aufgeben«, sagt August und geht weiter.

Nach ein paar Schritten bleibt er stehen und dreht sich zu mir um: »Jetzt habe ich kein Heimweh mehr.«

Seine Gefühlszustände wechseln die ganze Zeit, und ich denke, dass es anstrengend sein muss, ein Kind zu sein. Alles geht schneller als bei einem erwachsenen Menschen. Das Leben entfaltet sich mit ungeheurer Geschwindigkeit. In einer Zeitspanne, die so kurz ist, dass ein Erwachsener kaum etwas fühlt, weder positiv noch negativ, durchleben Kinder Gefühle, die zwischen intensivem Glück und tiefer Verzweiflung schwanken. Ein Kind zu sein hat Vor- und Nachteile. Ein Nachteil ist, dass Kinder Sorgen oder Belastungen nicht so einfach ausblenden können. Ein Vorteil ist, dass sie diese vergessen, sobald sie nicht mehr dringlich sind.

Wir gehen eine ganze Weile, August voraus und ich hinter ihm. Neuen Siegen und neuen Niederlagen entgegen.

Wie schon häufig zuvor, während der Vorbereitungen für unsere Expedition, denke ich an Hans Torske. Er war nur sechs Jahre alt. Wusste er, dass er sich verlaufen hatte? War er in der Lage, den Ernst der Situation zu begreifen? Suchte er systematisch nach dem Rückweg, oder lief er bloß immer weiter und hoffte darauf, den Weg nach Hause zu finden, wenn er nur weit genug ginge?

August habe ich die Geschichte nicht erzählt. Ich habe vor, sie ihm zu erzählen, aber nicht jetzt, zu Beginn der Expedition. Ich habe Angst, dass sie ihn erschrecken könnte, und möchte daher lieber abwarten, bis sich eine passende Gelegenheit ergibt.

Unsere erste Etappe führt durch flaches und übersichtliches Gelände. Die Landschaft ist hell und offen. Wir kommen zu einer Schlucht, wo der Pfad steil in den Wald hinunterführt. Dann geht es wieder hinauf.

Wenn August guter Laune ist, untersucht er alles, worauf sein Blick fällt. Er legt Steine auf Wegzeichen, springt über Bäche, balanciert auf uralten Baumstämmen. Er redet ununterbrochen. Ein gleichmäßiger Strom von Gedanken und Ideen taucht in seinem Kopf auf. Dann wird er still. Lange gehen wir, ohne dass einer von uns etwas sagt. Ich denke an meine Sachen, aber woran denkt August?

Weiß er, wo wir langgelaufen sind?

Weiß er, wie lange wir noch gehen müssen, bevor wir unser Lager aufschlagen?

Schwer zu sagen. Das Verständnis von Zeit verblasst irgendwann, wenn man von einer Natur umgeben ist, in der das Einzige, das von Menschenhand erschaffen wurde, Wege oder alte Schilder sind, die dort schon so lange existieren, dass sie dieselbe Farbe und Textur wie ihre Umgebung angenommen haben. Grau, trocken und rau. Sie sehen aus, als würden sie aus uralten Zeiten stammen, Überreste der letzten Eiszeit, zusammen mit Kieseln und Sand und großen, kantigen Steinen.

Durch diese Landschaft wandert ein Junge, der gerade die erste Klasse beendet hat und am Rande einer Großstadt mit

Geschäften und Spielplätzen und Freunden aufgewachsen ist. Der sich längst einem Dasein angepasst hat, in dem fast alle Tage bis ins Detail verplant sind und alles zurechtgelegt wurde für eine bestimmte Form der Selbstverwirklichung, die jemand als die richtige für ihn definiert hat. Jetzt durchstreift er eine Natur, die sich völlig gleichgültig der Tatsache gegenüber verhält, dass er überhaupt existiert. Die rein gar nichts für ihn zurechtlegt. Die ihn nicht beachtet und die nicht zögern würde, ihm das Leben zu nehmen, sofern er nicht auf sich achtgibt und die richtigen Entscheidungen trifft.

August geht voran. Ich folge ihm und denke dabei, dass er jetzt etwas erlebt, das er zwar noch nicht in Worte fassen kann, das aber für sein restliches Leben wertvoll sein wird. Zum ersten Mal erfährt er, wie es ist, sich in einen Zusammenhang zu begeben, der größer ist, als er angenommen hat. Zum ersten Mal – für einen kurzen Augenblick – erlebt er, wie es ist, ein kleiner Teil dieses Zusammenhangs zu sein, und spürt vielleicht, dass er diese Zeit dazu verwenden muss, die Natur kennenzulernen, sie mit Rücksicht zu behandeln und zu ihrem Erhalt beizutragen. Denn diese Natur ist die Bedingung für seine Existenz und die aller anderen Geschöpfe.

Erneut bleibt August stehen und dreht sich um. Mit der Hand schiebt er seine Mütze in den Nacken, wobei der Trekkingstock vor seinem Gesicht hängen bleibt und wie ein Pendel hin- und herschwingt.

»Wenn ich groß bin, will ich das Gleiche machen wie du«, sagt er.

»Das ist aber schön«, antworte ich.

»Ja, das ist schön«, sagt August. »Aber was bist du eigentlich?«

Ich weiß nicht, was ich darauf antworten soll, und schweigend setzen wir unseren Weg unter den großen Kiefern fort.

Die Landschaft verändert sich andauernd. In den höher liegenden Bereichen ist das Erdreich karg. Kiefern und Birken, dicht am Boden wächst Heidelbeerkraut. Offen liegende Felsflächen aus hellgrauem Granit, die mit Landkartenflechten überzogen sind. Diese sind typisch für das norwegische Hochgebirge und heißen so, weil sie wie eine Karte aussehen, die sich über den Felsen ausbreitet.

Der Wald lichtet sich. Wir durchqueren große, weiche Moorgebiete. Die Moore sind eine Landschaft für sich, feucht und voller Leben, ein wichtiger Bestandteil unserer Natur, und das nicht nur, weil sie Lebensraum für Vögel, Insekten und andere Tiere bieten, sondern auch, weil sie große Mengen Kohlendioxid speichern. Obwohl sie bedroht sind, werden sie trockengelegt und in urbaren Boden verwandelt, in Kunstgrasflächen, Einkaufszentren und Wohngebiete. Das Kohlendioxid wird freigesetzt, ein wichtiger Speicherplatz verschwindet. Wir bemühen uns um die Bewahrung des Regenwalds, etwas, das zum Symbol für Umweltschutz geworden ist. Es entbehrt nicht einer gewissen Ironie: Die meisten von uns sind sich nicht einmal bewusst, dass die vielen, aber immer kleiner werdenden norwegischen Moore dieselbe Funktion haben.

August geht schnell und leichtfüßig. Mit dem schweren Rucksack auf den Schultern kann ich gerade noch Schritt mit ihm halten. Als wir in tiefer liegendes Gelände kommen, tauchen die ersten Fichten auf. Sie haben keine Ähnlichkeit mit denen, die man in einem Forstgebiet vorfindet. Sie sind dünner, und es gibt größere Abstände zwischen den kurzen, buschigen Ästen, die sich zum Boden neigen. Diese Fichten erinnern an Kiefern, sie sind groß und uralt, stehen stumm und gebeugt an dem schmalen Weg.

Unter den Fichten liegen knochentrockene Äste, die durch Sturmeinwirkung oder das Gewicht von Schnee abgefallen sind. August hebt sie immer wieder auf, weil er vermutlich untersuchen möchte, ob sie für irgendetwas verwendet werden können. Seit ich Kinder habe, erst ein Mädchen und dann einen Jungen, ist mir das immer wieder aufgefallen: In allen möglichen Situationen – im Kindergarten, auf dem Bürgersteig, im Wald oder auf dem Weg zur Schule – waren es stets die Jungen, die jeden kleinen oder großen Stock aufhoben, den sie entdeckten, während sich die Mädchen kaum dafür interessierten. August hat im Laufe seines jungen Lebens schon Hunderte von Stöcken gefunden und gesammelt, entweder weil sie ihn an etwas anderes erinnerten oder weil er dachte, dass sie einmal nützlich sein könnten.

Kleine, dünne Zweige.

Große, feuchte Äste.

Sprödes gelbweißes Schilfgras aus dem Vorjahr.

Frische, schlanke Laubbäume.

All das hat er gefunden und zu Hause gelagert. In regelmäßigen Abständen haben wir es dann heimlich entsorgt. Hätten wir das nicht getan, wäre unser Haus heute voll mit solchen Fundstücken.

Spät am Nachmittag, nach mehreren Stunden Fußmarsch und einigen Abstechern in die falsche Richtung, gelangen wir zu dem See, an dem wir unser Lager aufbauen wollen. Wir sind an ein paar anderen Gewässern vorbeigekommen, aber alle waren von feuchtem Schwimmtorf umgeben und daher ungeeignet fürs Zelten. Misst man die Luftlinie, liegt der See nur wenige Kilometer südwestlich des Parkplatzes, auf dem wir den Wagen abgestellt haben. Die Wege in dieser Gegend orientieren sich allerdings nicht an der Luftlinie, weshalb ich vermute, dass wir mindestens zehn Kilometer zurückgelegt haben. Auf einer Landspitze an einer der vielen Buchten des Sees finden wir den passenden Lagerplatz. Hier ist der Boden eben, für das Zelt wählen wir eine Stelle, an der wir gut liegen können. Außerdem gibt es einen flachen kleinen Felsen, der ins Wasser hineinragt. Ein schöner Sitzplatz für den Abend.

Im Wald hinter uns hören wir die Vögel singen, und im Heidekraut ertönt das Summen von Tausenden Insekten. Eine schwache Brise aus südlicher Richtung streicht über das Wasser. Die Wellen plätschern gegen den Felsen. Es hat nicht geregnet, aber den ganzen Tag über war es feucht und drückend.

Wir bauen das Zelt auf.

Ich habe viel Zeit darauf verwendet, ein passendes Modell zu finden. Schließlich entschied ich mich für ein Kuppelzelt für drei Personen. Es steht von selbst, was insbesondere dann von Vorteil ist, wenn der Untergrund so hart ist, dass man keine Heringe einschlagen kann. Da es Platz für drei Personen bietet, kann man zudem die Ausrüstung hereinholen, wenn es zu regnen beginnt.

August hat beim Aufbau schon einmal geholfen und weiß daher, was zu tun ist:

Das Innenzelt auf dem Boden ausbreiten.

Die drei Stangen zusammensetzen, eine blaue, eine graue und eine orangefarbene.

Die Stangen in die Führung schieben, was dank des Farbcodes einfach ist.

Das Zelt auf den Boden stellen und – sofern nötig – die Heringe einschlagen.

Und zum Schluss: das Außenzelt befestigen.

Wir blasen unsere Liegematten auf und lüften die Schlafsäcke.

Bringen alles ins Zelt, was wir benötigen, wenn wir uns hinlegen: Micky-Maus-Hefte, Bücher, Stirnlampen und Wasserflaschen.

Der Wind dreht von Süd auf Nord und wird kräftiger. Dunkle Wolken türmen sich über unseren Köpfen auf. Die Wasseroberfläche wirkt kalt und metallisch.

Wir rufen zu Hause an. Nicht, weil wir plötzlich Heimweh verspüren, sondern weil wir versprochen haben, jeden Abend nach dem Zeltaufbau das Handy einzuschalten und uns zu melden, damit unsere Lieben wissen, dass es uns gut geht. Außerdem möchte ich herausfinden, ob August es schafft, das Telefon zu bedienen. Falls etwas passieren sollte, muss er in der Lage sein, auch allein mit anderen Menschen Kontakt aufzunehmen.

Schneller, als ich es überhaupt verfolgen kann, bewegen sich die kleinen Finger über das Display meines Smartphones. Geben den Code ein, rufen die Kontaktliste auf, drücken auf »Anruf« und aktivieren die Lautsprechfunktion.

Ein paar Sekunden später ist Augusts Mutter in der Leitung.

Sie erzählt, dass sie zu einem Fest geht und dass Augusts Schwester Helena bei einer Freundin übernachten wird. Sie möchte hören, wie es uns geht. August erzählt ihr alles, was wir gemacht haben. Ich kann den Stolz in seiner Stimme hören, gleichzeitig aber auch eine Art Frustration darüber, dass er nicht wirklich zu vermitteln vermag, wie sehr sich dieses Leben von dem zu Hause unterscheidet. Für seine Mutter ist es nichts als ein gewöhnlicher Tag in der Stadt. Für ihn ist es ein Tag in einem Zelt, an einem Ort, an dem er nie zuvor gewesen ist.

Als es Abend wird, bereiten wir Tomatensuppe und Makkaroni auf dem Gaskocher zu. Überall fliegen Stechmücken und Kriebelmücken umher. Im Vergleich zu Letzteren sind Stechmücken harmlos. Kriebelmücken kriechen in alle Körperöffnungen – ein unsichtbarer, unbesiegbarer Feind. August kratzt sich panisch den Kopf, sein ganzes Gesicht ist von Bissspuren übersät, kleine rote Punkte, die wie Masern aussehen.

Um die Plagegeister auf Abstand zu halten, basteln wir eine Rauchvorrichtung. Dafür habe ich eine alte Konservendose mitgebracht, an deren unterem Rand ich Löcher hineinbohre, damit das Feuer Luft bekommt. August sammelt Birkenrinde, kleine Zweige und trockene Kiefernzapfen. Die Rinde und die Zweige legt er ganz unten in die Dose. Dann zündet er das Ganze an. Sobald die Flammen hochschlagen, gibt er die Zapfen dazu. Dichter weißer Qualm steigt auf. Er umhüllt seinen Kopf vollständig, hält aber die Mücken fern.

Die nächsten Stunden über angeln wir Forellen. Fünf Mal beißen die Fische an, aber es gelingt uns nicht, auch nur eine Forelle an Land zu ziehen. Wenn es ums Angeln geht, hat August nicht die Geduld, die ich hatte, als ich noch ein Junge war. Angeln macht ihm zwar Spaß, aber ihm wird langweilig, wenn die Fische nicht anbeißen. Und während ich weiter angele, spielt August mit zwei Ameisen. Er setzt sie auf einen großen Stein, der von Wasser umgeben ist, und gibt ihnen Namen. Die eine heißt Billy, die andere Larsen. Dabei redet er laut vor sich hin: »Larsen ertrinkt bei einem Sturm, und

jetzt ist Billy allein. Tagsüber ist es okay, aber an den Abenden denkt er an Larsen. Am Ende stirbt auch Billy, weil er so furchtbar einsam und traurig ist.«

Als die Dämmerung einsetzt, kriechen wir ins Zelt. Wir haben Großvaters alte Ausgabe von Daniel Defoes berühmtem Roman *Robinson Crusoe* mitgenommen. Auf dem Vorsatzblatt steht in schwarzer Handschrift »Pål Lorentzen« geschrieben. Die fein säuberliche Schrift lässt vermuten, dass der Eintrag von einem Jungen stammt, der nur selten Gelegenheit hatte, seinen Namen in Bücher zu schreiben, und deshalb geradezu andächtig vorgegangen ist.

Wir beginnen zu lesen, aber schon bald wird klar, dass der Roman für Kinder im Zeitalter der Smartphones weniger geeignet ist als für Kinder, die kurz nach dem Zweiten Weltkrieg aufwuchsen.

»Was bedeutet es eigentlich, im Krieg zu fallen?«, fragt August ohne großes erkennbares Interesse.

Ich antworte ihm, aber er unterbricht mich und sagt, dass er lieber in seinem Micky-Maus-Heft lesen wolle. Das kann ich verstehen. Die lustigste Geschichte darin handelt von zwei Hinterwäldlerfamilien, die seit Jahren im Clinch liegen – Männer mit schwarzen Bärten und karierten Flanellhemden, die über die Besitzrechte des Waldes streiten, in dem sie leben.

Wir lesen, bis August sagt, dass er schlafen möchte. Fünf Minuten später ist er eingeschlafen. Genau wie ich ist er ein Frühaufsteher, voller Unternehmungsgeist am Vormittag, doch wenn der Abend kommt und er müde wird, verliert er den Glauben an so gut wie alles.

Es fängt an zu regnen. Erst leicht, dann kräftiger. Ich ziehe den Reißverschluss am Zelt auf und schaue hinaus. Die Landschaft sieht jetzt anders aus. Durch Nebel und Dunst kann ich den See gerade noch erkennen, die Fichten im Wald hinter mir jedoch kaum noch. Ich ziehe den Reißverschluss wieder zu und lausche dem Regen, der auf das Zeltdach trommelt.

Wenn Kinder schlafen, räumen die Erwachsenen auf. So ist es zu Hause, und so ist es, wenn man unterwegs ist. Das Leben im Zelt verlangt, dass man Ordnung hält, damit man weiß, wo sich etwas befindet, wenn man es braucht.

Regenzeug.

Stirnlampe.

Messer.

Erste-Hilfe-Set.

Einem Jungen im Alter von sieben Jahren steht nicht der Sinn danach, eine bestimmte Ordnung einzuhalten. Er möchte alles auf einmal machen. Schnitzen. Die Liegematte aufblasen. Das Messer weglegen. Mit etwas völlig anderem anfangen.

Also räume ich auf und lege alles wieder an seinen Platz. Vermutlich haben wir zu viele Sachen mitgenommen. Zu viel Kleidung. Zu viel Proviant. Der Rucksack ist zu schwer. Mein Rücken tut weh.

Ich betrachte August in seinem Schlafsack.

Ständig mache ich mir Sorgen, aber ich glaube nicht, dass es ihm ebenso ergeht. Für ihn ist das sein ganz normales Leben. Er hat kein Verhältnis zu Wettervorhersagen oder Uhrzeiten, sondern verlässt sich darauf, dass andere – vorzugsweise seine Eltern – die Entscheidungen für ihn treffen. Seitdem er auf der Welt ist, vertraut er uns blind, egal, ob wir Gutes oder Schlechtes über die Umgebung, die Zukunft oder das Leben im Allgemeinen zu sagen haben.

Aber so ist das, wenn man sieben Jahre alt ist. Es ist ein Leben, bei dem alle Entscheidungen von anderen getroffen werden. Man ist nicht frei, aber sicher. August schnarcht in seinem Schlafsack. Er vertraut voll und ganz darauf, dass ich ihn durch diese Tage und zurück nach Hause führe, zu seiner Mutter und seiner Schwester, zur Katze und zu dem Leben, das er kennt.

STELL DIR EINEN JUNGEN in einem Zelt im Wald vor. Der Wald ist alt und hat schon immer dort gestanden. Der Junge ist sieben, er ist hier zum ersten Mal.

Es ist Abend. Die Bäume sind in Nebel gehüllt. Der Regen trommelt aufs Zeltdach. Der Junge schläft. Im Schlaf dreht er sich um. Er kratzt sich die Wange, scheucht im Traum ein Insekt davon, zieht sich den Schlafsack über den Kopf. Sein ganzer Körper ist mit Mückenstichen übersät. Arme, Beine, Brust und Schläfen.

Im hellen Licht einer Stirnlampe macht sich sein Vater Notizen. Er blickt auf den schlafenden Jungen und denkt: Wir sind die einzigen Menschen in diesem Wald, niemand weiß, dass wir hier sind. Lange verharrt er, bevor er den Schreibblock beiseitelegt. Schließlich löscht er das Licht und kriecht in den Schlafsack.

Bald schon schlafen beide, und draußen im großen, dunklen Wald regnet es.

STELL DIR EINEN MORGEN in einem Zelt im Wald vor. Ein blonder Kopf lugt aus dem Schlafsack hervor. Schmale Augen. Sonnengebräunte Haut. Ein verwunderter Gesichtsausdruck, bevor ihm klar wird, wo er sich befindet. Der Junge blickt auf und lächelt. Er erinnert sich. In einem Zelt im Wald, da sind wir jetzt. Er robbt zu seinem Vater hinüber und legt den Kopf auf dessen Brust.

»Ich habe geträumt«, erzählt der Junge. »Von den Ameisen auf dem Stein und von jemandem aus meiner Klasse.«

»Wirklich?«, sagt der Vater. »Ich habe gar nichts geträumt, aber bevor ich eingeschlafen bin, dachte ich daran, dass wir die einzigen Menschen in diesem Wald sind und dass niemand weiß, wo wir uns aufhalten. Jetzt bin ich neugierig, wie das Wetter ist, und frage mich, wohin wir heute gehen werden.«

Der Junge lächelt. Er lauscht nach dem Regen, kann ihn aber nicht hören.

Lange bleiben sie so liegen.

Zwei Menschen in einem alten Wald.

In einem Zelt jenseits der Zeit.

Der sechsjährige Sohn von Kaufmann Torske, der mit seiner Mutter unterwegs war, die sich aus gesundheitlichen Gründen auf einem Almhof am Skrim aufhielt, verschwand am Sonntagnachmittag, als er für einen Moment draußen auf der Treppe vor der Tür der Almhütte allein gelassen wurde. Nachdem der kleine Junge nicht aufzufinden war, wurde sofort eine Mannschaft aus dem Dorf zusammengestellt, um bei der Durchsuchung der Umgebung zu helfen. In der ersten Nacht waren etwa einhundert Menschen von den angrenzenden Höfen unterwegs und suchten nach ihm. Später stießen als Verstärkung aus der Stadt Torskes ehemalige Kollegen aus der Waffenfabrik hinzu, sodass ständig um die fünfzig Männer draußen waren, aber noch immer gibt es keine Spur von dem Vermissten.
Das Ereignis hat bei den Bewohnern der Stadt größte Anteilnahme hervorgerufen, jeder möchte den trauernden Eltern, die von dem Schicksalsschlag hart getroffen wurden, helfen, so gut es geht.
Das derzeit vorherrschende milde Wetter lässt es nichtsdestoweniger möglich erscheinen, dass der Vermisste lebend und ohne bleibende Schäden gefunden werden kann.

*Kongsberg Adresse*, 12. Juli 1894

BREISTUL IST EIN ALMHOF nördlich des Skrim. Er liegt am Fuße der steilen Berghänge, die zum eigentlichen Felsmassiv hinaufführen. Der Hof muss zu Hans Torskes Zeiten ganz anders ausgesehen haben, aber es gibt ihn bis heute. Teile davon wurden modernisiert, doch es sind auch noch Gebäude da, deren ursprünglicher Zustand bewahrt wurde. Die Gebäude sind klein und einfach. Wohnhaus, Scheune und Schuppen, aus dicken Stämmen in Blockbauweise errichtet. Die Fenster sind klein, die Türen niedrig.

Vermutlich um den Johannistag herum kamen Hans Torske und seine Mutter Henriette Petrine hierher. Die Familie lebte in Kongsberg, zwanzig Kilometer entfernt, was bedeutet, dass sie mit Pferd und Karren unterwegs gewesen sein müssen. Es war durchaus nicht unüblich, dass Menschen aus der Stadt im Sommerhalbjahr einige Zeit auf Almhöfen verbrachten, um sich vom Leben in der Stadt zu erholen.

Der Vater, Haagen Torske, und Hans' älterer Bruder Erik blieben in Kongsberg. Der Vater war 1847 geboren worden, die Mutter 1854; sie waren in jenem Sommer also siebenundvierzig beziehungsweise vierzig Jahre alt. Aus den Kirchenbüchern geht hervor, dass sie insgesamt fünf Kinder hatten, doch drei von ihnen lebten nur wenige Jahre. Es gab nur noch Erik und den kleinen Hans, und nur Hans begleitete seine Muter zum Almhof. Vielleicht waren sie schon früher einmal dort gewesen, vielleicht auch nicht. Jedenfalls war

Hans als Stadtkind vermutlich nicht daran gewöhnt, in wilder Natur umherzustreifen.

Über die Geschehnisse am Tag seines Verschwindens existieren mehrere Versionen. Eine davon besagt, dass er losgeschickt worden sei, um einem Hütemädchen entgegenzugehen, das unterwegs gewesen sei, um das Vieh für den Abend zu versorgen. In einer anderen Version heißt es, er habe sich mit seiner Mutter gestritten, sei beleidigt gewesen und deshalb fortgelaufen. Eine dritte Geschichte lautet, er sei für einen kurzen Augenblick draußen auf der Treppe zurückgelassen worden. Und eine vierte, dass er zuletzt gesehen worden sei, als er auf der Weide gespielt habe. Als er etwas später zum Essen gerufen worden sei, habe es keine Reaktion gegeben. Die Mutter sei dann hinausgegangen, um nach ihm zu sehen, aber die Weide sei verlassen und der Junge spurlos verschwunden gewesen.

Da war es Nachmittag oder früher Abend. Ein stabiles Hochdruckgebiet lag über Ostnorwegen. Es war warm und windstill. Bei diesen Wetterverhältnissen hätte ein sechsjähriger Junge, der sich Ende des 19. Jahrhunderts mit seiner Mutter auf einem Almhof befand, leichte Kleidung getragen.

Hemd und kurze Hose.

Eine dünne Jacke.

Eine Mütze auf dem Kopf.

Keine Schuhe.

Man kann ihn sich unschwer als eine Art Michel aus Lönneberga vorstellen, der auf einem Zaun herumklettert oder im kniehohen Gras einer Wiese herumläuft.

Niemand vermag heute mehr zu berichten, was sich an diesem Sommerabend auf dem Almhof abspielte oder wie viele Menschen sich dort aufhielten. Irgendwann müssen sie begriffen haben, dass der Junge tatsächlich verschwunden war.

Dass er nicht zwischen den Blumen auf der Weide auftauchen würde, wo er nichts ahnend auf dem Rücken gelegen und die Wolkenformationen beobachtet hatte. Oder hinter der Scheune, mit einem Katzenjungen auf dem Arm.

Wieso war er verschwunden?

War er einem Schmetterling oder einem Geräusch nachgegangen? Hatte er die Augen geschlossen, um herauszufinden, wie es sich anfühlt, blind zu sein? Hatte er im Wald einen Vogel singen gehört und war dem Geräusch gefolgt, um nachzuschauen, wie der Vogel aussah? Oder war er bloß, in Gedanken versunken, losgestapft, wie es Sechsjährige mitunter tun, ohne sich bewusst zu sein, dass es einfacher ist, in einen Wald hineinzulaufen, als den Weg hinaus zu finden?

Man kann sich gut vorstellen, wie die Reaktion der Mutter ausgesehen hat, als ihr klar wurde, dass er verschwunden war. Eine Urreaktion, unabhängig von Zeit, Kultur, Stand oder Religion. Eine spontane Gefühlsreaktion, die vom stärksten aller Instinkte hervorgerufen wird – dem Bedürfnis, seinen Nachwuchs zu beschützen. Ein Schockgefühl in der Brust, sich ausbreitende Panik, die Angst vor allem, was einem Kind zustoßen kann, aber gleichzeitig eine innere Stimme, die sagt: Entspann dich, bleib ruhig, das ist schon viele Male zuvor passiert, er ist sicher irgendwo in der Nähe, er ist ein Kind, und gleich taucht er wieder auf.

Die Minuten verstreichen, die Panik wird größer. Die immer noch beruhigende innere Stimme, die allerdings immer weniger überzeugend klingt.

Wo sollen wir anfangen zu suchen?

Die Mutter und alle anderen auf dem Almhof müssen sich diese Frage unmittelbar gestellt haben, nachdem ihnen bewusst geworden war, dass er verschwunden war. Menschen von den umliegenden Höfen kamen herbei, um bei der Suche zu helfen. Da die Entfernung zwischen den einzelnen Gehöften nicht groß war, müssen sie schnell zur Stelle gewesen sein. Zehn Minuten, wenn man geht. Drei Minuten, wenn man rennt.

Zu Beginn hatten sie womöglich gar keinen Plan. Sie liefen in alle Richtungen, riefen nach ihm, immer lauter, entfernten sich immer weiter von der Almwiese und suchten mit wachsender Verzweiflung. Später kamen Hilfsmannschaften aus Kongsberg hinzu, Arbeiter aus der Waffenfabrik und der Silbermine.

Jemand muss die Führung übernommen und einen Plan entwickelt haben, wie die Suche durchgeführt werden sollte. Sie müssen mit der Mutter über die Persönlichkeit und den Charakter des kleinen Jungen gesprochen haben, müssen danach gefragt haben, ob er in den letzten Tagen etwas erlebt hatte, das einen Hinweis darauf geben könnte, wohin er gegangen war. Sie müssen in alle Richtungen geschaut und überlegt haben, welchen Weg er der größten Wahrscheinlichkeit nach eingeschlagen hatte. Und sie müssen sich bei der Mutter nach den Erfahrungen des Jungen mit dem Wald und den Bergen erkundigt haben; ob er sich viel im Freien aufgehalten hatte und ob er Stärke und Durchhaltevermögen besaß. Doch in erster Linie müssen sie das umliegende Gelände taxiert und sich gefragt haben, ob es eine Gefahr für Leib und Leben des Jungen darstellte.

Im Norden lagen ausgedehnte Wälder und Landwirtschaftsflächen. In dieser Himmelsrichtung befand sich das am leichtesten zu durchstreifende Gelände, und hier war auch der kürzeste Weg zur nächsten Siedlung. Nach Osten hin verhielt es sich fast genauso, doch in einiger Entfernung begann das Gefälle in Richtung Lågendalen und Kongsberg. Im Süden lagen die steilen Berghänge, die zum Skrim-Massiv hinaufführten, eine Gebirgslandschaft, die niemand ohne

Weiteres aufsuchen würde und bei der es undenkbar schien, dass ein kleiner Junge sie betreten haben könnte. Im Westen floss der Ravalsjø-Fluss, und dort lag das Gebiet, das zuerst durchsucht werden sollte.

Weitere Suchmannschaften kamen hinzu. Sie bildeten Menschenketten. Sie suchten im Fluss. Sie krochen auf Händen und Füßen in den steilen Felsen herum, die zum Bergmassiv hinaufführten.

Die Suche blieb ohne Ergebnis.

Hans Torske blieb spurlos verschwunden.

In den ersten Tagen klangen die Zeitungsartikel noch hoffnungsvoll, aber nach einer Weile nahmen sie eine andere Färbung an. Sie waren nicht mehr so optimistisch. Jetzt gab es einen Unterton von stiller Resignation.

**ES IST ETWAS VÖLLIG ANDERES**, ob man in einem Zelt im Wald aufwacht oder in einem Bett im Haus. Liegt man in einem Bett im Haus und wird vom Wecker geweckt, fühlt es sich manchmal an, als erwachte man von den Toten. Das weiche Bett steht in krassem Gegensatz zum kalten Fußboden. Auf den möchte man seine Füße nicht stellen, man möchte viel lieber unter der Decke bleiben.

Im Zelt ist es anders. Dort ist man sich die ganze Zeit über der Umgebung bewusst, auch während man schläft. Das knisternde Geräusch der Kunstfasern, wenn man sich im Schlafsack umdreht. Die sich unter der Liegematte abzeichnenden Konturen des Untergrunds. Und die Geräusche außerhalb des Zelts. Vereinzeltes Vogelgezwitscher in der Nacht. Der Wind, der die Zweige an den Bäumen in Bewegung versetzt und die Blätter leise rascheln lässt. Surrende Mücken. Der Regen, der auf das Zeltdach tropft.

Im Zelt gibt es auch keinen Wecker, man wird wach, wenn der Körper es will. Von einem Sonnenstrahl, der durch das Laubwerk fällt und das spärliche Inventar beleuchtet. Oder von den Geräuschen, die sich ständig verändern, stärker werden und auf diese Weise dem schlafenden Körper signalisieren, dass der Morgen gekommen ist.

Als ich die Augen öffne, sehe ich August vor mir. Er ist wach. Hat sich sein Schlauchtuch über den Kopf gezogen. Er lächelt, ich lächle zurück. Ich weiß nicht, wie lange er schon so daliegt oder woran er denkt. Keiner von uns sagt etwas.

Draußen ist es still. Ich versuche, Geräusche zu hören, die uns verraten könnten, wie das Wetter draußen ist, aber ich höre nichts. Ein Anzeichen dafür, dass die Sonne nicht scheint, aber auch, dass der Regen aufgehört hat. Ich weiß nicht, wie spät es ist, und habe auch nicht die Absicht, es herauszufinden. Es könnte fünf oder sieben oder neun Uhr sein, doch das spielt keine Rolle.

Wir werfen einen Blick auf die Landkarte und beschließen, in westliche Richtung weiterzugehen. Dort liegt ein kleines Felsplateau, das wir uns gern ansehen möchten. Unser Plan reicht nicht weiter als bis dahin. Wenn wir zum Plateau kommen, können wir einen neuen Plan machen.

Ein Lager abzubauen, wenn draußen alles feucht ist, macht keinen großen Spaß. In diesem Fall ist es am besten, alles zusammenzupacken, solange man sich im Zelt aufhält. Schlafsäcke und Liegematten und Proviant und Ausrüstung. Dann zieht man die Sachen an, die man benötigt, und erst, wenn alles gepackt ist, geht man nach draußen und baut das Zelt ab.

So etwas allein zu machen ist eine Sache. Es zusammen mit einem Kind zu tun eine andere. Kinder haben selten einen Sinn für die in solchen Situationen nötige Systematik. Aber August ist clever. Er hat das schon öfter mitgemacht, noch dazu in Situationen, die uns mehr abverlangten als diese – bei kräftigem Regen, in herbstlicher Dunkelheit oder bei Eiseskälte im Winter.

Wir erledigen alles in der richtigen Reihenfolge. Wie immer frühmorgens hat August gute Laune.

Ich packe das Zelt zusammen, während er das Frühstück zubereitet.

Hafergrütze auf dem Gaskocher.

Butter, Zucker und Zimt.

Kakao für ihn.

Kaffee für mich.

Im Laufe der Nacht hat es stärker geregnet, als mir bewusst war. Die Luft ist scharf und kalt. Die Temperatur liegt nur wenige Grad über null, was uns wieder einmal daran erinnert, dass es auch um Mittsommer herum ziemlich kalt sein kann.

Wir ziehen lange Unterhose, Allwetterhose, Allwetterjacke, Schlauchtuch, Mütze und Fausthandschuhe an. Wie eine Bettdecke liegt der Nebel über dem See. Der Regen hat den Boden feucht und matschig werden lassen. Zehntausende Tannennadeln aus dem Vorjahr und den Jahren davor heften sich an Zeltwand und Rucksäcke und Hosen und Stiefel. Im Heidekraut, das August bis zu den Knien reicht, glitzern die Tautropfen eiskalt im Morgenlicht.

Wir laufen durch Wald und über Felsen. August trägt eine durchsichtige Plastikmappe mit der Landkarte um den Hals, er hat die Hauptverantwortung für unsere Orientierung.

Der Wind kommt von Norden und wird stärker.

Auf dem Felsplateau angelangt, essen wir Nüsse und schauen wieder auf die Karte. August zieht seinen kleinen Kompass hervor, den ich zu einem Spottpreis in einem Sportartikelgeschäft erstanden habe.

»Wohin gehen wir jetzt?«, frage ich.

»Nach Norden«, sagt August und zeigt dabei in südliche Richtung.

Neue Landschaft, neue Pfade. Dinge, die wir am Wegesrand entdecken. Ein Stock, der einem Menschen ähnelt, ein Ameisenhaufen, der größer als August ist, reife Blaubeeren und ein Vogel, der sich aus dem Moor erhebt. Der Rhythmus beim Gehen. Kein Gefühl für die Zeit.

IM SKRIM-GEBIRGE IST kein bestimmter Landschaftstyp vorherrschend. Geht man nur zehn Kilometer in eine beliebige Richtung, trifft man auf sehr verschiedene Vegetationsformen. Die höher gelegenen Partien werden von struppigen, windzerzausten Fichten, Kiefern und Birken, von Sand und Kiesschotter dominiert. Steigt man tiefer ins Gelände hinab, wird die Vegetation so üppig wie im Regenwald.

Überall gibt es Wegzeichen, kleine oder größere aus Steinen errichtete Türmchen oder Pyramiden, die auch Steinmännchen genannt werden. Warum jemand beschließt, in einer unbewohnten Gebirgslandschaft ein steinernes Wegzeichen gleich neben einem andern zu bauen, ist schwer zu sagen. Aber so ist es: Steht irgendwo ein Wegzeichen, gibt es weitere in der Nähe. Vielleicht haben sich die umherwandernden Baumeister nach Gesellschaft gesehnt und dies durch ihre Werke zum Ausdruck gebracht. Vielleicht versinnbildlicht es auch, weshalb Städte entstanden sind.

Wenn August erschöpft und mutlos ist, stößt er die Steinmännchen um. Hat er gute Laune, baut er sie aus. In regelmäßigen Abständen bleibt er stehen und dreht sich zu mir um, weil er etwas auf dem Herzen hat. Einen nüchternen Kommentar oder eine konkrete Frage. Sein Einfallsreichtum ist unbegrenzt in dieser Hinsicht. Ich erwähne die Eiszeit und muss meine Bemerkung gleich teuer bezahlen, denn jetzt will er mehr darüber wissen. Ich erzähle ihm davon, so gut ich kann. An einige Dinge erinnere ich mich, andere erfinde ich einfach, aber das spielt für meinen einzigen Zuhörer keine große Rolle.

»Das erste Anzeichen für ein Leben auf der Erde war eine grüne, seelenlose Biomasse, die vor Hunderten Millionen Jahren existierte. Der Einfachheit halber sagen wir jedoch, dass alles mit der Eiszeit begann, die wiederum vor etwa zehntausend Jahren endete. Dies ist der Beginn unserer Welt. Menschen mit großen Köpfen und großen Gehirnen leben in einer sich ständig weiterentwickelnden Gesellschaft und verbessern alles, was sie umgibt – Werkzeug und Technik und Unterhaltungsartikel. Sie haben das Bedürfnis, sich künstlerisch auszudrücken, und sie versuchen nach bestem Wissen und Gewissen, die Ressourcen untereinander aufzuteilen, was ihnen aber nur selten gelingt. Sie bekämpfen einander und streiten sich, sowohl innerhalb ihrer eigenen Gemeinschaft als auch mit anderen Gruppen, weil es immer jemanden gibt, der mehr haben will als die anderen.«

August macht sich an seinem Kompass zu schaffen, dennoch glaube ich, dass er mir zuhört. Kinder in seiner Generation haben ein enges Verhältnis zu dem, was ich gerade erzähle, denn fast alle haben den Animationsfilm *Ice Age* gesehen.

»Zuerst schmolz das Eis. Es zog sich zurück oder floss durch die Talsohlen ins Meer und verschwand. Das Land tauchte auf. Es muss eine Landschaft gewesen sein, in der Felsen und Steine und Kies und Sand vorherrschten, ungefähr wie auf dem Mond.

Alles war öde und unfruchtbar, kein Zeichen von Leben. Dann aber erschienen die ersten Pflanzen. Sie müssen vor den Tieren da gewesen sein, denn die Pflanzen waren die Ursache, und die Tiere waren die Wirkung. Die Tiere tauchten auf, weil die Pflanzen da waren. Die Pflanzenfresser wie etwa Rentiere kamen, um Pflanzen zu essen. Die Fleischfresser, zum Beispiel Bären und Wölfe, kamen, um die Pflanzenfresser zu essen.«

»Und die Fische?«, fragt August.

Ich erwidere, dass ich das nicht weiß. »Vielleicht waren sie die ganze Zeit da, unter dem Eis, denn das Meer ist eine ganz eigene Geschichte.

Und dann kamen die Menschen.

Einige Forscher vermuten, dass es in Norwegen schon vor der letzten Eiszeit Jäger gab, also vor über zwanzigtausend Jahren. Aber es gibt keine Funde aus dieser Zeit, deshalb konzentrieren wir uns auf die letzten zehntausend Jahre. Das war die Steinzeit. Der Name stammt daher, dass die Werkzeuge der Menschen aus Stein, Knochen, Feuerstein und Holz bestanden. Die Menschen folgten der Eisgrenze nach Norden und wanderten aus drei verschiedenen Richtungen nach Norwegen ein. Einige gingen nach Ostnorwegen. Andere kamen über den sogenannten Nordseekontinent nach Westnorwegen. Damals gab es dort kein Meer, die Menschen konnten also trockenen Fußes da entlanglaufen, wo wir heute mit Schiffen fahren müssen. Und wieder andere wanderten von Osten nach Finnmark ein. Sie kamen und sahen, dass dort keine anderen Menschen lebten. Das Land war frei, es gab genügend Nahrung, und so ließen sie sich nieder.

Die Menschen hielten sich zunächst an der Küste auf, breiteten sich dann aber schnell über das Binnenland und bis zum Hochgebirge aus, zum Beispiel kamen sie nach Dovre und zu einigen Orten in der Hardangervidda. Sie kamen auch zum Skrim, hier wurden uralte Tiergräber gefunden. Das waren Gruben, die die Menschen aushoben, um darin Tiere zu fangen. Die Menschen hier haben nichts angebaut, sondern nur gejagt und gefischt. Deshalb blieben sie auch nicht an einem Ort, sondern sind umhergestreift und den Wildtieren gefolgt. Sie brauchten große Gebiete, in denen sie jagen konnten, so groß, dass vielleicht der ganze Skrim gerade ausreichte, um einen einzelnen Menschen zu ernähren.

In Søgne in Südnorwegen wurde das älteste menschliche Skelett gefunden. Es war eine Frau. Ihr Schädel wurde vor gar nicht allzu langer Zeit von einem Hüttenbesitzer am Ufer eines Gewässers entdeckt. Die Wissenschaftler gehen davon aus, dass sie schon um 8000 vor Christus gestorben sein muss, in der Altsteinzeit. Es wurden auch ihre Oberschenkel- und Wadenbeinknochen gefunden, und aus ihnen konnten die Forscher schließen, dass die Frau etwas über eineinhalb Meter groß und ungefähr vierzig Jahre alt war, als sie starb. An ihrem Schädel befindet sich eine tiefe Kerbe, vermutlich wurde sie also ermordet. Sie hatte sich vom Meer ernährt: von Muscheln, Fischen, Krebsen, Robben, Walen. Sie war Jägerin gewesen, deren Tage ungefähr so ausgesehen haben müssen:

Hunger verspüren.
Etwas erlegen.
Es essen.
Ausruhen.
Hunger verspüren.
Etwas erlegen.
Es essen.
Ausruhen.«

Wir gehen nach Westen, quer zu der Richtung, in die sich das Eis nach der letzten Eiszeit zurückgezogen hat.

Wir laufen bergauf und bergab, bergauf und bergab.

In den Talsohlen schwächt der Wind ab. Dafür ist es hier feuchter. Das ganze Wasser, das im Laufe der Nacht als Regen vom Himmel gefallen ist, hat das getan, was es für gewöhnlich tut. Es hat sich in Richtung des tiefsten Punkts bewegt und dort gesammelt. Überall trifft man auf Pappeln und Ebereschen, Moose und Farnkraut. Saftige schwarze Erde, die an den Stiefeln kleben bleibt.

Wir gehen weiter, bis wir zu einem kleinen See kommen. Die Wolkendecke bricht auf, und zum ersten Mal an diesem Tag sehen wir den blauen Himmel.

»Meine Füße sind klitschnass«, sagt August, »hier bauen wir unser Lager auf.«

Ich sehe mir die Karte an, um herauszufinden, wo genau wir sind. Das erweist sich als gar nicht so einfach. Anscheinend befinden wir uns an einem See, der keinen Namen hat. Das liegt vielleicht daran, dass er so klein ist oder weil niemandem ein passender Name einfallen wollte.

Ich blicke von der Karte auf.

»Dieser See hat keinen Namen«, sage ich. »Wir könnten ihn den ›namenlosen See‹ nennen.«

August starrt mich auf eine Weise an, die verrät, dass seine Fantasie, diese phänomenale Einbildungskraft des jungen Gehirns, jetzt aktiviert ist. Ich kann ihm ansehen, dass ihm der Name gefällt, und aus Erfahrung weiß ich, dass solche Namen bei Kindern seines Alters immer gut ankommen. Oft ist gar nicht mehr nötig, als so ein unbestimmtes Wort auszusprechen, gern mit einem gewissen Unterton von Gefahr, und schon laufen die Gedanken auf Hochtouren.

Namenlos.

Fremd.

Unbekannt.

Geheim.

Kinder können von so etwas gar nicht genug bekommen.

Dem Stand der Sonne nach zu urteilen, muss es später Nachmittag sein. Ich hatte mir eigentlich vorgestellt, noch ein

Stückchen weiterzuwandern, aber es gibt einen schönen Lagerplatz an diesem See, und August ist schon dabei, sich häuslich einzurichten. Er hat sich ausgezogen und sitzt nur in Unterhose auf einem ins Wasser ragenden Felsen. Er singt ein Lied, das ich ihn noch nie zuvor habe singen hören. Die zaghaften Töne dringen auf den See hinaus und vermischen sich mit dem Rascheln der Blätter an den Birken.

»Wo hast du denn das Lied gelernt?«, frage ich.

»In der Schule«, sagt August.

»Sing es noch mal«, fordere ich ihn auf.

»Nein.«

»Och, bitte!«

»Okay«, gibt August zurück. Dann singt er mit heller, klarer Stimme:

*Meer und Himmel Hand in Hand.*
*Motorheulen, Sommerland.*
*Möwennest und Schwalbenschrei,*
*Weiße Häuser Reih' um Reih'.*
*Meeresgischt auf glattem Stein,*
*Schule, die muss echt nicht sein.*

August treibt sich unten am Wasser herum. Vergnügt brabbelt er vor sich hin. Wenn er spielt, redet er mit sich selbst, ganz versunken in dem, was ihn gerade beschäftigt. Er ist in einem Paralleluniversum, und da lasse ich ihn. Anscheinend ist das kein schlechter Ort.

Ich habe ein wachsames Auge auf ihn, während ich das tue, was getan werden muss, solange die Sonne scheint und eine milde Brise herrscht. Ich baue das Zelt auf, lege die Ausrüstung hinein, stülpe das Innere der Schlafsäcke nach außen und hänge sie zum Trocknen über einen niedrigen Ast. Dann befestige ich eine Leine zwischen zwei Bäumen, hänge die feuchte Kleidung auf und stelle die Schuhe zum Trocknen auf den Felsen.

Es dauert meist nur einen kurzen Moment, um nass zu werden, aber man braucht eine Ewigkeit, um alles wieder trocken zu bekommen. Deshalb muss man jede Gelegenheit nutzen, und jetzt haben wir so eine Gelegenheit. Nach einer Weile ruft August, dass er Hunger habe. Ich rufe zurück, dass *er* für das Essen verantwortlich sei – er brauche bloß loszulegen und es zuzubereiten.

Halb nackt und gut gelaunt kommt er zum Zelt heraufgeschlendert.

»Du bist der Koch auf unserer Expedition«, sage ich. »Es kommt zwar äußerst selten vor, dass Expeditionsköche nichts als eine Unterhose tragen, wenn sie das Essen zubereiten, aber es kann durchaus vorkommen.«

Dann erkläre ich ihm, wie wichtig der Koch in früheren Zeiten für eine Expedition war. Denn was die Menschen an Nahrung zu sich nahmen, war ganz entscheidend dafür, wie gut sie die körperlichen Anstrengungen bewältigen konnten. Und letztendlich auch dafür, wie die Expedition voranging. Ich erzähle August etwas über die Expeditionen von Fridtjof Nansen. Die beschäftigen ihn nämlich sehr, weil er das Fram-Museum auf der Halbinsel Bygdøy in Oslo besucht hat. Und ich erzähle ihm von den Cowboys in Amerika, über die ich gern etwas gelesen habe, als ich selbst ein Junge war. In Comicheften wie *Silberpfeil* war der Koch oft ein dicker, bärtiger Typ mit einem Cowboyhut, der oben abgerundet war, wodurch zum Ausdruck kam, dass der Koch als nicht sonderlich heldenhaft galt. Zwar war es nicht so, dass der Koch auf einem Planwagen immer als Erster von den Pfeilen der Indianer durchbohrt wurde, aber das geschah auffallend oft.

August bereitet Erbsensuppe zu. Wir essen, bis wir satt sind, und trinken Wasser aus dem namenlosen See. Das Zelt steht sicher unter einer mächtigen Kiefer, die Trockenleine schwingt im Wind, die Sonne scheint, und winzige gelbe Eintagsfliegen treiben von West nach Ost über das Wasser. Die Forellen lassen sie in Ruhe, doch sie werden von Schwalben gefangen, die flach und schnell über die glitzernde Wasseroberfläche sausen.

Wir haben bereits eine Tagesetappe hinter uns, aber der Tag ist noch nicht zu Ende. Während der Planung der Tour habe ich mir Sorgen darüber gemacht, dass wir viel Zeit haben würden, aber nur wenig tun könnten, um den Tag auszufüllen.

Wäre es möglich, dass uns die Zeit lang werden könnte?

Zwei erwachsene Menschen können den ganzen Tag wandern. Vom Morgen bis weit in den Nachmittag hinein, ehe sie das Lager aufbauen, zu Abend essen, sich ausruhen und schlafen gehen. Ein siebenjähriger Junge kann das nicht. Außerdem erwartet ein Siebenjähriger, dass der Erwachsene einen Plan hat. Aber gerade jetzt habe ich keinen Plan.

August rettet die Situation. Er schlägt vor, mein Fitnesstrainer zu sein, ich soll alle Übungen absolvieren, die er mir vorgibt. Als Trainer ist er gnadenlos. Ich muss Push-ups und Sit-ups und eine Reihe anderer Übungen machen, bei denen ich Stöcke und Äste als Hilfsmittel verwende. Allesamt sind von dem Film *Rocky IV* inspiriert, den August in Ausschnitten und ohne Erlaubnis auf YouTube gesehen hat. Besonders stark fasziniert ihn die Szene, in der Rocky sich auf seinen Kampf mit dem russischen Boxer Ivan Drago vorbereitet, indem er Baumstämme hinter sich herzieht und mit anderen Sachen aus dem Wald trainiert. Die Moral der Geschichte lautet hier, dass derjenige, der sich einfacher und natürlicher

Hilfsmittel bedient, letztendlich demjenigen überlegen ist, der sich auf fortschrittliche Technik verlässt.

August befördert sich selbst zum Drill-Sergeant bei der Armee.

»Du musst so stark wie die anderen Väter werden«, sagt er und treibt mich immer weiter an.

Als ich dann nach einer Weile sage, dass ich alles gegeben habe und nicht noch mehr schaffe, ist er lieb und verständnisvoll und bietet mir an, mir den Rücken zu massieren und mich mit Sand aus dem See einzureiben, was, wie er behauptet, gut für die Haut sei.

Wir schnitzen und angeln und bereiten mehr Essen zu. August spielt lange im Zelt. Ich summe das »Schule muss nicht sein«-Lied vor mich hin und schreibe in mein Notizbuch.

Es wird Abend.

Es wird Nacht.

Es wird wieder Morgen.

HAT SICH DAS SKRIM-GEBIRGE in den hundertzweiundzwanzig Jahren verändert, die vergangen sind, seit ein sechsjähriger Junge sich hier verlaufen hat? Ferienhütten wurden gebaut, die alten Almhöfe sind verfallen. Wege sind angelegt worden, und die Kulturlandschaft hat sich ausgebreitet. Die Baumgrenze liegt höher. Die Raubtiere wurden ausgerottet. Es gibt zwar noch Steinadler, aber die Bären sind längst nicht mehr da.

Das Skrim-Massiv hat sich verändert, allerdings weniger als fast alles andere. Noch immer erscheint diese Landschaft so ursprünglich und unberührt, wie eine Landschaft in heutiger Zeit nur sein kann. Die Wälder und Seen sind dieselben. Und die Felsen. Sie stehen da wie zu Hans Torskes Zeiten und wie zehntausend Jahre vor jener Zeit.

Tagelang kann man hier herumstreifen, ohne einem einzigen Menschen zu begegnen.

BEI SONNENSCHEIN UND LEICHTER BEWÖLKUNG verlassen wir unseren Lagerplatz am namenlosen See. Der Pfad führt bergauf. Im Süden liegen große Waldgebiete, wie ein zusammenhängender grüner Teppich, nur von dem einen oder anderen glänzenden See unterbrochen. In nördlicher Richtung sehen wir Felsen in allen erdenklichen Formen und Farbnuancen. An manchen Orten sind die Felspartien steil und scharf gezackt. An anderen sind sie abgerundet, haben weiche Kanten. Die Entfernungen lassen sich nur schwer einschätzen. Man kann unmöglich wissen, ob das zu den steilsten Gipfeln führende Gelände flach und leicht zu durchqueren ist oder ob sich dort Schluchten und Felsspalten befinden, die das Vorankommen erschweren.

Auf dem Rücken eines Höhenzugs legen wir eine Pause ein. Wir sehen uns die Landkarte an, essen Energieriegel und Trockenfleisch.

Es gibt nur wenig, das mehr Spaß macht, als eine Landkarte zu studieren, sich in die Ferne zu träumen, Routen festzulegen und Pläne zu schmieden. Man breitet die Karten aus und betrachtet Höhenkurven und Farben – Gelb, Braun, Grün, Blau –, man findet einen Punkt, der ein kleines Stück vom eigenen Standort entfernt liegt, und fragt sich, wie es dort wohl aussieht. Was könnte einem auf dem Weg dorthin begegnen, was gibt es unterwegs zu sehen? Es ist eine Etappe einer kleinen Expedition, eine durch Zeit und Raum zurückgelegte Entfernung, an einem bestimmten Tag im Jahr und in einer Landschaft, die an genau diesem Tag ein bestimmtes Erscheinungsbild hat.

Der Höhenzug ist ähnlich dem, den wir am Tag zuvor überquert haben, liegt jedoch etwas höher und ist von eher spärlicher Vegetation gekennzeichnet. Fichten gibt es hier keine, nur Heidekraut und Krüppelbirken. Wir stehen am Fuße des eigentlichen Skrim-Massivs. Das Gelände ist mit großen Felsbrocken übersät. August nutzt die Gelegenheit und klettert auf ihnen herum. Ich belasse es dabei, mich bequem an einen von ihnen zu lehnen.

Viel wächst hier nicht. In einer Felsspalte gleich neben der Stelle, wo ich sitze, stehen ein paar kleine weiße Blumen mit rötlichem Stängel. Ich weiß nicht, wie sie heißen, denn ich kenne mich mit Blumen nicht aus. Aber sie leuchten in der unfruchtbaren Landschaft geradezu auf. Das Gebirge ist das Gegenteil des Waldes, offen und ungeschützt und mit so viel Raum, dass jedes Gewächs, das aus dem nackten Felsen herausragt, zu sagen scheint: »Hier lebe ich, und zwar jetzt.«

Wäre man eine Blume in einem Gebirge, könnte es passieren, dass man sein Leben leben müsste, ohne von jemandem gesehen zu werden. Aber wenn dann doch jemand vorbeikäme, würde er nicht umhinkönnen, die Blume zu bemerken.

August klettert auf den Felsbrocken herum. Ich schaue auf die weißen Blumen und denke an Carl von Linné, den schwedischen Botaniker, der all unseren Pflanzen Namen gab und über den wir in der Schule etwas gelernt haben. Er lebte im Zeitalter der Aufklärung. Für ihn war die Natur ein System mit perfekter Ordnung, und der dafür verantwortliche Architekt war Gott. Carl von Linné betrachtete es als seine Aufgabe, Teile dieses göttlichen Systems aufzuzeigen. Keine leichte Aufgabe für einen Mann, aber der Schwede litt nicht gerade unter mangelndem Selbstbewusstsein. Er hat in seinem Leben so einiges erreicht. Er entwickelte ein System zur Artenbestimmung von Blumen und anderen Pflanzen und schaffte es darüber hinaus, fünf Autobiografien zu schreiben. In heutiger Zeit hätte er aufgrund seiner enormen Aktivität vermutlich irgendeine medizinische Diagnose erhalten und wäre in der Schule in einer Spezialklasse gelandet. Aber Linné nahm sein Leben in die Hand. Vielleicht taten es auch andere, die das Potenzial des Jungen erkannten. Ich lehne mit dem Rücken an dem von der Sonne gewärmten Felsen und stelle mir vor, dass es sich vielleicht folgendermaßen abgespielt hat:

Lehrer: »Du da unten, der nicht still sitzen kann, wie heißt du noch mal?«

Linné: »Carl, Herr Lehrer.«

Lehrer: »Carl, genau. Diese Unterrichtsform ist nichts für dich. Du hast einen guten Kopf, aber du kannst ja nicht still sitzen. Ich habe eine Aufgabe für dich. Du fährst durch Schweden und katalogisierst alle botanischen Gewächse zwischen Kiruna und Malmö. Das wird dir helfen, dich auszutoben. Und dich eine Weile beschäftigen.«

Während ich an Linné denke, fallen mir ein paar große schwarze Vögel auf, die sich etwas weiter oben im Gelände aufhalten, oberhalb einer von Felsen und Krüppelbirken verborgenen Anhöhe. Die Vögel haben etwas entdeckt, worum sie sich streiten. Sie schreien. Ein dunkler, kratzender Laut, eine Art Bellen, das von den umliegenden Felsen zurückgeworfen wird. Monoton, laut und beunruhigend. Ich höre die Raben viel mehr, als dass ich sie sehe, aber in regelmäßigen Abständen steigen einer oder mehrere auf und lassen sich von den Luftströmungen tragen, bevor sie wieder auf das hinunterstürzen, was sich dort befindet.



»Wie heißen die Vögel?«, fragt August.

»Raben«, erwidere ich. »Sie haben sich seit der Eiszeit nicht verändert. In gewisser Weise sind das da oben die gleichen Vögel wie vor zehntausend Jahren. Sie sind einfarbig. Schnabel, Krallen, Augen, Federkleid, alles ist schwarz wie Kohle. Raben sind schlauer als andere Vögel und Tiere. Ist ein Tier krank oder verletzt, wissen die Raben es, vielleicht sogar schon, bevor das Tier es selbst bemerkt. Dann sammeln sie sich in der Nähe, haben ein wachsames Auge auf das Tier, und zu einem bestimmten Zeitpunkt begreifen sie, dass es im Sterben liegt. Dann kommen sie näher, und zum Schluss drängen sie sich darum herum und beginnen, es aufzufressen. Vielleicht glaubten die Menschen in früheren Zeiten deswegen, dass die Raben Sendboten aus dem Totenreich seien.«

Mein Monolog wird plötzlich von etwas unterbrochen, das noch vor wenigen Tagen ein völlig unbeachtetes Ereignis geblieben wäre, jetzt aber fast einer Sensation gleichkommt.

Ein Mensch nähert sich über den Hügelkamm im Westen.

Es ist ein Mann. Er ist groß und muskulös und bewegt sich auf eine Art, die verrät, dass er nicht zum ersten Mal irgendwo herumwandert. Wir erheben uns und strecken den Rücken durch, beinahe so, wie man es früher getan hätte, um eine höhergestellte Person zu begrüßen. Der Mann kommt näher. Er bleibt nicht stehen, als er an uns vorbeigeht, sondern vermindert nur ein wenig das Tempo, sagt Hallo und erzählt, dass er auf dem Weg zu seinem Auto sei, das er zu erreichen hoffe, bevor das heftige Unwetter losbreche.

»Der ganze Skrim wird davon betroffen sein, und es soll viele Stunden anhalten, vielleicht sogar einen ganzen Tag«, erklärt er.

Dann geht er weiter in Richtung der Wälder im Süden.

Wir stehen da und schauen uns an. Ein heftiges Unwetter mit Regen – wie lösen wir das Problem? August scheint sich deswegen keine großen Sorgen zu machen. Solange es nicht eingetreten ist, denkt er nicht an das, was kommen wird.

Ich schalte mein Handy ein und sehe mir die Wettervorhersage an. Der Mann hatte recht. Eine große Regenfront ist auf dem Weg hierher. Im Laufe weniger Stunden wird sie uns erreichen. Das gesamte Skrim-Massiv wird dann von einer dicken Wolkenschicht bedeckt sein, der Regen wird vermutlich frühestens am kommenden Tag wieder nachlassen. Kein Wind, keine Kälte, nur sehr viel Regen. Und wenn sehr viel Regen kommt, heißt das: Nebel über der Landschaft, keine Aussicht, keine Übersicht.

Auf Regen sollte man immer gut vorbereitet sein. Genau zu wissen, wie man sich darauf einstellt, ist allerdings nicht so leicht, insbesondere dann, wenn man nur ein kleines Zelt hat und keine Möglichkeit besteht, in einer Wanderhütte unterzuschlüpfen.

Wenn man nass wird und dann in einem Zelt schlafen muss, ist das etwas völlig anderes, als wenn man nass wird und anschließend in einer Hütte übernachten kann. Hält man sich in einer Hütte auf, ist es fast, als ob man in einer Wohnung in der Stadt lebte. Man läuft draußen im Regen herum, wird nass, kommt zurück, wärmt sich auf und zieht trockene Sachen an. Dann nimmt man eine Mahlzeit ein, legt sich in einem weichen und trockenen Bett schlafen und wacht am folgenden Morgen ausgeruht auf, genauso wie am Tag zuvor.

Übernachtet man hingegen in einem Zelt, wird der Körper jeden Tag ein wenig mehr beansprucht, abhängig von den äußeren Umständen, wobei anhaltendes Regenwetter das Schlimmste ist. Wenn man dann nass bis auf die Haut geworden ist und es weder Aussicht auf eine Regenpause noch auf trockene Sachen gibt, kann das Zeltleben sowohl körperlich als auch mental derart anstrengend werden, dass man sich nur noch nach Hause sehnt.

Unsere Situation ist also ziemlich ernst. Wir müssen etwas unternehmen, und zwar schnell. Ich werfe einen Blick auf die Karte und habe plötzlich eine Idee. Nördlich unseres Standorts gibt es nur nackte Felsen, aber im Südwesten liegen einige Almhöfe. Sie befinden sich in tiefer gelegenem Gelände, der Höhenunterschied beträgt ein paar Hundert Meter. Auf der Karte sind die Gebäude als kleine schwarze Punkte eingezeichnet. Natürlich können wir nicht wissen, in welchem Zustand die Häuser tatsächlich sind, aber allein die Tatsache, dass es sich um Gebäude handelt, wirkt verlockend. Doch wenn wir dort Unterschlupf suchen wollen, heißt das auch, dass wir von unserem Plan abweichen und in die entgegengesetzte Richtung gehen müssen.

Ich rufe August zu, dass er mit seiner Kletterei aufhören soll.

»Wir müssen einen neuen Kurs einschlagen«, sage ich, erzähle ihm von den Almhöfen und zeige auf die Karte. August hat sogleich die Vorstellung, dass wir in einem Bett schlafen und Feuer im Kamin machen können. Und vielleicht gibt es dort sogar einen Kiosk.

Ich sage, dass ich das stark bezweifle. Wir haben keinen Schlüssel, und die Lage der Almhöfe auf der Karte deutet nicht darauf hin, dass dort regelmäßig viele Menschen hinkommen. Die Höfe liegen meilenweit entfernt von der nächsten Straße. Vermutlich sind sie verschlossen, was bedeutet, dass wir uns draußen aufhalten müssen.

Aber vielleicht gibt es an einem der Gebäude ja einen Dachvorsprung, sage ich. Einen Holzstapel, einen Schuppen oder irgendetwas, das uns vor dem Regen beschützen könnte. Besser, sich dort zu verkriechen, als völlig durchnässt zu werden.

Und so machen wir es. Wir orientieren uns kurz und gehen dann los, August wie üblich voran und ich hinterher.

Die Landschaft, die wir durchqueren, ist offen und voller Licht. Nichts deutet darauf hin, dass ein Unwetter im Anmarsch ist. Im Westen ziehen sich teilweise von Fichten bedeckte Höhenzüge bis nach Telemark hinein und schimmern in verschiedenen Grautönen.

Mir kommt der Gedanke, dass es zu einer der menschlichen Neigungen gehört, auf den höchsten Punkt in einer Landschaft zu klettern und in die Ferne zu blicken. Das tun wir gern, ohne uns dessen eigentlich bewusst zu sein. Dabei denke ich weniger an das Klettern, sondern an diese Neigung, sich an den höchstgelegenen Punkt zu begeben, um von dort aus auf etwas hinauszusehen, das sich weit entfernt befindet – ohne dabei einen anderen Zweck zu verfolgen, als diese Aussicht zu genießen. Vielleicht tun wir dies, weil wir ein Bedürfnis nach Licht, Übersicht und Abstand verspüren. Oder weil wir unserem ansonsten vernünftigen und geordneten Dasein einen Hauch von Mystik und Abenteuer verleihen möchten. Der Punkt in der Ferne, auf den man starrt, ist ganz real, aber gleichzeitig auch nicht. Er wirkt so verlockend, gerade weil er sich so weit entfernt befindet, eingehüllt in dieses besondere Licht, das erst aus der Distanz betrachtet entsteht und die Entfernung sichtbar macht. Vielleicht stammt dieses in uns verankerte Bedürfnis aus einer fernen Vorzeit, vielleicht ist es eine Hinterlassenschaft aus jenen Zeiten, in denen wir in den Savannen Afrikas umherwanderten. Und vielleicht fühlen wir uns von solchen Aussichten aus demselben Grund angezogen, aus dem wir gern Sonnenuntergänge betrachten. Auch diese sind in den flachen afrikanischen Savannen hell und leuchtend.

Wir kommen zum höchsten Punkt der Felspartie. Von hier aus wollen wir in südliche Richtung gehen und den Abstieg zu den Almhöfen und den dunklen Wäldern beginnen. Zum ersten Mal sehen wir den Styggemann. Wie ein gestrandeter Wal liegt der Gipfel ganz oben im Skrim-Massiv, ein dunkler Koloss aus Granit. Von unserem Standort aus erscheint es beinahe unmöglich, den Gipfel zu erreichen, und gerade deswegen wäre es reizvoll, sich direkt dieser Aufgabe zuzuwenden. Aber das muss warten. Die Regenfront ist unterwegs. Wir haben andere Dinge zu tun, als Gipfel zu besteigen.

Der Weg fällt steil ab. Nach nur wenigen Metern haben wir keinen Überblick mehr. Ohne Karte und Kompass und ohne einen Weg zur Orientierung wären wir hier schnell verloren. Womöglich würden wir tagelang umherwandern und nicht wissen, wo wir uns befinden.

Der Weg ist schmal und unauffällig. Menschen gehen hier nur selten entlang. Ich achte darauf, dass wir ihn nicht aus den Augen verlieren. Es kann nämlich schnell passieren, dass man beim Gehen die Konzentration verliert. Man denkt an andere Dinge, schert nach links oder rechts aus, weil das Gelände dort offen wirkt, und nur wenige Minuten später begreift man, dass man sich verlaufen hat.

Der Weg ist von Blaubeersträuchern und ergrauten alten Fichten umgeben. Insekten summen, Spinnennetze glitzern im Sonnenlicht.

August redet die ganze Zeit. Wenn er ins Reden kommt, vergisst er alles andere. Ununterbrochen plappert er und liest dabei Dinge am Wegesrand auf. Er sagt etwas, das ihn an etwas anderes denken lässt, was ihn wiederum auf einen neuen Gedanken bringt. Er ist eine Art lebendiger Bewusstseinsstrom, eingekapselt in seiner drolligen kleinen Welt. Und wenn ich stehen bliebe und plötzlich fragte: »Wie heißt du, wo bist du, wohin gehen wir – antworte mir sofort!«, dann würde er passen müssen, mit offenem Mund und großen, starrenden Augen.

Der Weg flacht ab, das Gelände öffnet sich. Wir erreichen die ersten Almhöfe. Es sind alte, verwitterte Gebäude, die von üppigen Wiesen umgeben sind; einst Futter für das Vieh, das in den Sommermonaten hier weidete. Eine klassische norwegische Kulturlandschaft, die überwuchert wird und sich wieder in Wald verwandelt, wenn niemand dafür sorgt, dass sie frei bleibt.

In der Vertiefung am Rand einer Wiese fließt ein Bach. August findet einen Frosch, einen kleinen Knirps, der verbissen in der starken Strömung umherschwimmt. Vorsichtig hebt August ihn auf und redet mit ihm, wie ich es selbst getan habe, als ich in seinem Alter war. Damals war alles Lebendige interessant. Alles, was sich rührte, war wert, beachtet, gefangen, aufgehoben und untersucht zu werden.

Ich lasse den Rucksack ins Gras hinuntergleiten. Lege mich auf den Rücken und starre in den Himmel, während ich August mit dem Frosch reden höre. Der Himmel über den Baumwipfeln ist grau. Etwas ist über unseren Köpfen geschehen, ohne dass wir es bemerkt haben. Still und unbemerkt hat sich eine Wetteränderung vollzogen. Wenn wir den Wanderer nicht getroffen hätten, wäre der Wetterumschwung eine totale Überraschung für uns gewesen.

Ein Schild verrät uns, dass die Almhöfe Privatbesitz sind und dass Zelten hier nicht gestattet ist. Das regt August ziemlich auf, weil er erschöpft ist und nur zu gern das Lager aufschlagen möchte. Darüber hinaus widerspricht es seinem Sinn für Gerechtigkeit, dass jemand mitten im großen Wald ein Schild aufstellen kann, das besagt, dass sich andere Menschen hier nicht aufhalten dürfen. Augusts Stimme überschlägt sich förmlich, was mir zeigt, dass es Zeit wird, die ganze Sache möglichst schnell zu vergessen und nach den anderen Almhöfen zu suchen.

Mehrere Wege kreuzen einander. Wir nehmen den falschen, müssen umkehren und zurückgehen. Abermals wählen wir den falschen, und August stöhnt resigniert auf. Der dritte Weg führt schließlich zu einem Hof mit einem großen Hauptgebäude und einem kleineren Nebengebäude. Oberhalb der Tür des Hauptgebäudes ragt der Giebel ein Stück hervor. Kein Mensch ist hier, und ein »Campen verboten«-Schild gibt es auch nicht.

Wir richten uns ein. Breiten Liegematten und Schlafsäcke aus, kramen den Gaskocher und den Proviant hervor, trinken literweise Wasser und besichtigen unseren neuen Übernachtungsort. Wir streifen auf dem Gelände umher, benutzen das Außenklo und führen unsere tägliche Militärübung durch. Ich glaube nicht, dass August weiß, wie glücklich wir uns schätzen können, wie wichtig es ist, ein Dach über dem Kopf zu haben. Und wie demoralisierend es gewesen wäre, wenn wir die nächsten vierundzwanzig Stunden in einem feuchten, klammen Zelt hätten verbringen müssen.

Wir lesen eine Donald-Duck-Geschichte und essen Fleischbrühe ohne Fleisch.

Dann kommt der Regen.

DIE NÄCHSTEN FÜNFZEHN STUNDEN regnet es ununterbrochen. Gleichmäßig und ruhig leert sich der eintönig graue Himmel. Es gibt keinen Wind, nur unendliche Wassermassen, die herabstürzen.

Wir sitzen unter dem Dachvorsprung und schauen hinaus. Wie lauernde Krieger stehen die Fichten am Rand der Wiese, sind aber nur schwer zu erkennen. Die Konturen verschwinden, alles wird zu einer grauen Wand aus Regen. Und alles wird nass. Sogar die Schlafsäcke und Augusts Micky-Maus-Hefte werden feucht, obwohl sie unter dem Dach liegen.

Ich bringe ein wenig Ordnung in unsere Sachen.

August zeichnet etwas in sein Heft.

Die Zeit vergeht langsam, genau so, wie sie vergehen sollte.

Ich erzähle August etwas über den Zweiten Weltkrieg und über die Kriegshelden aus Telemark. Vermutlich tue ich das, um sowohl August als auch mich selbst daran zu erinnern, dass es Menschen gab, denen es viel schlechter ging, als es uns in diesem Moment geht. Ich erzähle, dass sich die Kriegshelden aus Telemark in einer Gebirgslandschaft aufhielten, die gar nicht weit vom Skrim entfernt liegt, und dass sie sich einen ganzen Winter lang fast ausschließlich von Flechten ernährt haben. In Augusts Gesicht erscheint wieder dieser Ausdruck, den ich schon mehrmals gesehen habe – sowohl bei ihm als auch bei seinen Freunden. Es ist der Gesichtsausdruck eines

Menschen, der voller Konzentration herauszufinden versucht, wie es wohl wäre, einen ganzen Winter lang nur Flechten zu essen.

»Woran erinnerst du dich aus der Zeit, als ich noch klein war?«, fragt August ohne besonderen Anlass.

Ich muss eine Weile nachdenken, bevor ich antworte: »Als du klein warst, war ich immer total erschöpft. Wir waren zwar ständig zusammen, aber dennoch erinnere ich mich kaum noch an etwas. Wenn wir uns Fotos aus der Zeit anschauen, als du und Helena noch klein wart, und ich mich selbst darauf sehe, dann denke ich immer: Bin ich das? War ich wirklich dabei?

Viele Dinge passierten gleichzeitig. Wir zogen um und renovierten das Haus, zur selben Zeit wurde meine Mutter krank und starb wenige Monate später. Ich hatte mit so vielen Belastungen bei meiner Arbeit zu kämpfen, dass ich mehrere Monate krankgeschrieben wurde. Ich war ausgebrannt, wie man so sagt. Anstatt zu arbeiten, fuhr ich dich im Kinderwagen auf dem Friedhof Vår Frelser in St. Hanshaugen herum. Du hast im Wagen immer geschlafen, doch ich wusste, dass du aufwachen würdest, sobald ich stehen bliebe.

Wir kamen an Müttern und Vätern vorbei, die auf einer Bank saßen und lasen, während ihre Kinder neben ihnen schliefen, alles wirkte so friedlich. Ich erinnere mich sogar an einen Mann, der eine Thermoskanne dabeihatte; er saß auf einer Bank und trank Kaffee, während er ein dickes Buch las. Anscheinend war er sich sicher, dass sein Kind im Wagen eine ganze Weile schlafen würde. Ich wollte es genauso haben wie er und nahm beim nächsten Mal ein Buch mit. Wir kamen zum Grab von Bjørnstjerne Bjørnson, das ein wenig abseits auf einer Anhöhe liegt. Da hielt ich an und setzte mich auf eine Bank, aber bevor ich auch nur einen Satz lesen konnte, fingst du im Wagen an zu weinen, und ich musste dich weiterschieben.

Kannst du nicht ein bisschen länger schlafen? Siehst du nicht, dass ich ausgebrannt bin, dachte ich.

Aber das konntest du natürlich nicht. Sobald der Kinderwagen zum Stehen kam, bist du aufgewacht. Schon damals warst du ein Tagmensch.«

Der Abend bricht herein, es wird dunkler. Die Insekten haben sich im Gras niedergelassen. Die Vögel im Wald singen nicht mehr.

Wir lesen die letzte Geschichte im letzten der Micky-Maus-Hefte, die wir mitgenommen haben. Danach ist Schluss; keine weitere Story, in die wir abtauchen könnten; keine weitere Möglichkeit, die Natur auszublenden. Die norwegische Ausgabe des Hefts trägt die Nummer 13, erschienen am 25. März 1996. Micky und Goofy spielen die Hauptrollen in dieser Geschichte. Sie heißt »Die Sumpforchidee« und handelt davon, dass die beiden Protagonisten von Kommissar Hunter ausgesandt werden, um das vorletzte noch existierende Exemplar einer seltenen Orchidee wiederzufinden, die aus einer Ausstellung in Entenhausen gestohlen wurde. Wie sich zeigt, sind Kater Karlo und einer seiner Kumpel für den Diebstahl verantwortlich. Zum Schluss der Geschichte stößt Kater Karlo Micky Maus in einen Sumpf mit Treibsand und ruft: »Da wir uns heute zum letzten Mal begegnen, möchte ich mich für alles bedanken, was wir zusammen erlebt haben. Mach's gut, Micky Maus! Ha, ha, ha!«

Ganz unten auf der Seite steht: »Forts. in der nächsten Ausgabe«.

August hat so etwas schon früher erlebt und scheint sich mit seinem Schicksal abzufinden. Wir sind mitten in einer verlassenen Gebirgslandschaft, und er begreift, dass die Chancen, hier irgendwo Ausgabe Nummer 14 aus dem Jahr 1996 zu finden, äußerst gering sind.

Wir erzählen uns daher andere Geschichten. Ich bin kurz davor, ihm von Hans Torske zu berichten, lasse es aber sein. Die Geschichte hätte jetzt gut gepasst inmitten dieser Landschaft, die die gleiche ist, in der er damals umherirrte, aber ich fürchte, dass August sie missverstehen und als Vorwarnung für das betrachten könnte, was uns noch bevorsteht.

Obwohl der Altersunterschied zwischen uns achtunddreißig Jahre beträgt, genießen wir hier unter dem Dachvorsprung beide die Gesellschaft des anderen. Augusts Anwesenheit ist beruhigend. Er ist nicht nur mein Sohn, er ist auch mein Freund. Zwar ein Freund mit wechselnden Stimmungen und unvorhersehbaren Einfällen, aber dennoch ein Freund.

Der Abend schreitet voran. August erzählt mir von der Schule und seinen Klassenkameraden. Ich erzähle ihm von meinem Großvater Erling – Augusts Urgroßvater –, der sich in seinen letzten Lebensjahren fast ausschließlich von Waffeln ernährte. Zu Beginn aß er Waffeln aus Waffelteig, dann aber kam er auf die Idee, dass alles, was flüssig ist, in einem Waffeleisen gebacken werden konnte. Die Waffeln enthielten dann zum Schluss alle möglichen Zutaten, was die Besuche bei ihm stets zu einer gastronomischen Herausforderung werden ließ.

August gefällt es, dass ich von Großvater Erling erzähle. Jedenfalls für eine Weile. Die Zeit, die man sich unter dem Dachvorsprung eines Almhofs im Wald auf diese Weise vergnügen kann, hat allerdings Grenzen. Irgendwann ist seine Geduld am Ende.

»Warum sind wir hier?«, fragt er mit tränenerstickter Stimme.

»Weil es regnet«, antworte ich. »Wir haben keine andere Wahl. Momentan ist dies der beste Ort, an dem wir sein können.«

August trägt einen Kampf mit sich aus. Er versteht, was ich meine, und er weiß, dass ich recht habe. Trotzdem will er hier nicht länger sein, und das verstehe ich gut. Ich versuche es mit allen Tricks, die mir einfallen, aber nichts hilft. Für einen kurzen Moment kann er sein Unbehagen vergessen, aber dann wird ihm unsere unglückselige Situation wieder bewusst.

Ich hole die Karte hervor. In meinem Kopf gehe ich die verschiedenen Möglichkeiten durch. Unser Plan lautet, einen oder zwei Tage in westliche Richtung weiterzugehen und dann den Styggemann von Nordwesten her zu besteigen. Plötzlich wird mir klar, dass wir auch schon am kommenden Tag dorthin gehen können. Ich habe mich an dem ursprünglichen Plan orientiert und daran festgehalten, aber schließlich kann uns niemand verbieten, davon abzuweichen. Wir treffen die Entscheidungen selbst – das ist sozusagen der Kern unserer kleinen Expedition –, und außerdem weiß ich, dass es einen Pfad gibt, der direkt von den Almhöfen zum Gipfel des Styggemann führt. Er ist zwar etwas steiler als die anderen, aber ich bin ihn früher schon einmal gegangen und glaube, dass auch August das schaffen kann.

Ich sage: »Wenn morgen die Sonne scheint, gehen wir zum Gipfel des Styggemann.«

Augusts Stimmung hellt sich auf. Nach dieser endlosen Warterei braucht er etwas Konkretes, und es gibt nur wenig, das konkreter ist als ein Berggipfel.

Ich erkläre ihm den Plan: »Wenn wir zum Gipfel kommen, haben wir unser Ziel erreicht. Von dort aus wenden wir uns nach Südosten, nehmen aber nicht denselben Weg zurück. Wir werden durch eine Gebirgslandschaft wandern, die tiefer liegt als der Styggemann, aber noch einsamer ist als diese hier. Dort gibt es nicht einmal Wege, nur flache Felsen und weiche Moore. Die Etappe wird vermutlich genauso anstrengend sein wie die Strecke hierher und weiter zum Styggemann, vielleicht sogar noch etwas anstrengender. Ich weiß nicht, wie lange wir brauchen werden, um diese Felspartie zu überqueren, aber dort beginnt unser Rückweg.«

August stimmt dem Plan zu. Dass wir zum Auto zurückgehen, nachdem wir auf dem Gipfel des Styggemann gestanden haben, ist ein aufmunternder Gedanke, der ihn bei der Stange hält, bis er vor Müdigkeit umkippt und einschläft.

Ich bleibe im Schlafsack neben August liegen und lese ein Buch des amerikanischen Botanikers John Muir. Muir ist in der amerikanischen Naturgeschichte eine geradezu ikonische Figur. In der zweiten Hälfte des 19. Jahrhunderts dokumentierte er die Flora in den Bergen Kaliforniens, eine Aufgabe ähnlich derjenigen, die Carl von Linné ein Jahrhundert zuvor in Skandinavien ausgeführt hatte. Muir verbrachte den Großteil seines Lebens in der Sierra Nevada und war ursächlich dafür verantwortlich, dass einer der berühmtesten amerikanischen Nationalparks – Yosemite – im Jahr 1890 gegründet wurde.

Eine große Spinne hängt in einem Netz über unseren Köpfen. Mit ihrem makabren, beinahe futuristisch anmutenden Äußeren ist sie die Verkörperung all dessen, was wir in unserer Welt als ekelerregend betrachten. Vielleicht wird sie sich im Schutz der Dunkelheit zu uns herunterlassen, über unsere Gesichter krabbeln oder langsam in einen der Schlafsäcke hineinkriechen. Es reizt mich, sie mit einem zusammengerollten Micky-Maus-Heft zu erschlagen, aber ich habe gerade einen Satz in John Muirs Buch gelesen, der dazu führt, dass ich es sein lasse. Auf seinen Wanderungen durch die kalifornischen Berge registrierte Muir Bäume und Blumen und Wildpflanzen mit unnachgiebiger Gründlichkeit und Ausdauer. Er zeichnete sie in sein Skizzenbuch und beschrieb ihr Aussehen und ihre Eigenschaften. Ungeachtet dessen war er mehr als nur ein nüchterner Wissenschaftler. Er war auch ein

Mann, der eine starke Zusammengehörigkeit mit der natürlichen, unberührten Landschaft verspürte und deren Eigenwert anerkannte.

Über eine giftige Pflanze schrieb er: »Wie die meisten Dinge, die dem Menschen nicht nützlich erscheinen, hat sie nur wenige Freunde, und die sinnlose Frage ›Wozu wurde sie erschaffen?‹ wird immer weiter gestellt, solange niemand errät, dass sie vielleicht nur um ihrer selbst willen erschaffen wurde.«

Ich lasse die Spinne ihren Aktivitäten nachgehen und versuche, an etwas anderes zu denken. Ich lese weiter in John Muirs Buch, schreibe kleine und große Gedanken in mein Notizbuch. Dann schalte ich die Stirnlampe aus, und nach einer Weile schlafe auch ich.

Im Laufe der Nacht werde ich mehrmals wach. Jedes Mal, wenn ich die Augen öffne, sitzt eine kleine braune Waldmaus auf dem Stein neben der Stelle, wo ich liege. Sie bewegt sich vollkommen lautlos, schnuppert in der Dunkelheit mit ihren langen Schnurrhaaren herum und sieht mich mit großen dunklen Augen an. Sie stellt sich auf die Hinterbeine und versucht, den Verschluss unserer Proviantbox zu öffnen. Ich lasse sie in Ruhe, da der Verschluss von einer Maus nicht geöffnet werden kann. Die Maus ist ganz dicht an einer großen Portion fetten und wohlschmeckenden Futters und gleichzeitig ganz weit davon entfernt. Aber das verstehe wohl nur ich.

Wenn kleine Kinder sich verirren, sollten wir uns über eines im Klaren sein. Fast immer gehen sie auf eine Steigung zu. Gelangen sie auf einen Felsrücken oder einen Hügelkamm, folgen sie diesem meist, bis sie auf einen weiteren treffen, in dessen Richtung sie sich dann bewegen. Fast scheint es, als brächten sie es nicht über sich, talwärts zu gehen. Vielleicht liegt es an einem Gefühl der Leere vor ihrem Körper, dass sie sich so verhalten. Vielleicht spüren sie ein Gefühl von Sicherheit, von Erdverbundenheit, wenn sie beim Laufen den Boden vor sich aufsteigen sehen.

Leif Halvorsen, *Årbok 1967*
(Jahrbuch des Wandervereins
Drammens og Oplands Turistforening)

WO IST HANS TORSKE ENTLANGGEGANGEN, als er am Breistul-Almhof verschwand, und wieso wurde er von den Suchmannschaften nicht gefunden?

Er lief weder durch die landwirtschaftlich genutzte flache Landschaft nach Norden, noch ging er nach Westen in Richtung Ravalsjø-Fluss. Er schlug auch nicht den Weg über den Berg Breistulknatten nach Süden ein. Der Berg ist zu steil und steigt gleich hinter den Almhöfen an; diesen Weg wählte er nicht. Heute zieht sich dichter Fichtenwald ein gutes Stück an der Gebirgsseite hinauf, doch zu Hans Torskes Zeit befand sich dort nur nackter Fels. Wäre er diesen Weg gegangen, hätte er sich jederzeit umdrehen können und direkt auf die Dächer der Almhöfe geblickt. In diesem Fall hätte er auch den Rückweg gefunden.

Ich glaube, dass er sich im Wald gleich hinter den Almhöfen verirrte. Der Wald liegt gar nicht weit entfernt, weniger als hundert Meter, aber er ist dicht und dunkel. Vermutlich ist der Junge in den Wald hineingegangen, irgendwann stehen geblieben, hat sich umgesehen und verstanden, dass er sich an einem Ort befand, wo er nie zuvor gewesen war. Er hat versucht, den Weg zurück zu finden, aber da er wahrscheinlich in Gedanken war, als er sich verirrte, wusste er nicht mehr, woher er gekommen war. Die Beschaffenheit eines Waldes lässt für gewöhnlich nicht zu, dass man stur geradeaus gehen kann. Hans Torske ist – wie Kinder es gern tun – mal hier und mal dort gelaufen, und so ist es wahrscheinlich, dass er den Orientierungssinn schon verlor, gleich nachdem er in den Wald hineingegangen war.

Wenn er die richtige Richtung eingeschlagen hätte, als er den Rückweg suchte, wäre er in kürzester Zeit wieder aus dem Wald herausgekommen. Aber das tat er nicht. Stattdessen lief er am Fuß der Berge in östliche Richtung. Wäre er am Breistulknatten bergauf gegangen, hätte er den Blick auf die Almhöfe gehabt. Aber es gibt noch einen anderen Umstand, der dafür spricht, dass er in diesem Fall den Rückweg gefunden hätte, nämlich das Gefälle im Gelände. Hätte er sich daran erinnert, dass er nach Betreten des Waldes die ganze Zeit bergauf gegangen war, dann wäre ihm vermutlich auch klar geworden, dass er wieder hinuntergehen müsste, um den Heimweg zu finden. Hat er hingegen die östliche Richtung eingeschlagen, war der erste Teil der Strecke ganz flach und das Gefälle im Gelände nichts, woran er sich hätte orientieren können. Ich glaube, das war der eigentliche Grund, weshalb er den Rückweg nicht fand.

Ich bin selbst in diesem Gelände gewandert. Habe am Breistul-Almhof gestanden und in alle Himmelsrichtungen geblickt, genauso wie es die Mutter des Jungen und die Suchmannschaften getan haben müssen. Ich kann gut verstehen, dass sie zuerst am Fluss suchten. Der Fluss ist nicht weit entfernt vom Hof, Kinder fühlen sich durch Gewässer angezogen, ein Fluss stellt eine akute Bedrohung für ein Kind dar.

Aber Hans Torske ist nie nach Westen auf den Fluss zugegangen. Er lief in die entgegengesetzte Richtung, und während die Suchmannschaften die Ufer des Flusses überprüften, hat er sich immer tiefer im Wald verirrt. Es liegen weitere Almhöfe in der Richtung, die er eingeschlagen hat. Dort hielten sich auch Menschen auf, denn von dort kamen die Ersten, um bei der Suche zu helfen.

Hans Torske muss relativ nahe an diesen Almhöfen vorbeigegangen sein, ohne sie allerdings zu bemerken. Der Wald ist dicht und dunkel, da kann man schnell ein Gebäude übersehen, selbst wenn es sich in der Nähe befindet. Eine andere Erklärung gibt es nicht, denn zu diesem Zeitpunkt muss er ja bereits begriffen haben, dass er sich verirrt hatte. Er muss verängstigt gewesen sein und wäre deshalb direkt zu einem der Häuser gegangen, wenn er sie gesehen hätte.

Aber er bemerkte die Gebäude nicht, und nachdem er an ihnen vorbeigegangen war, gab es keine weiteren. Jedenfalls nicht in der Richtung, die er eingeschlagen hatte.

Von diesem Punkt an begann er, bergauf zu gehen. Er lief Richtung Süden und folgte dann einer der beiden Felsspalten, die sich von Nordost nach Südwest durch die Landschaft ziehen. Auf der Nordseite des Geländes erhebt sich der Breistulknatten fast senkrecht in den Himmel. Auf der Südseite steigt das Gelände steil zum Styggemann und zum Skrim hin an. Das Gelände ist hügelig und unübersichtlich. Hier entlangzuwandern zehrt schnell an den Kräften. Auf dem Grund der nördlichen Felsspalte gibt es heute einen ausgewiesenen Wanderweg. Von dort aus sieht man besonders gut, wie steil die Südseite des Breistulknatten ist. Eine graue Fläche, die fast senkrecht vom Gipfel dreißig bis vierzig Meter in den Wald hinein abfällt.

Die südlich gelegene Felskluft ist von der nördlichen durch einen waldbedeckten Hügelkamm getrennt. Sie ist noch enger und dunkler als die nördliche, Menschen halten sich dort für gewöhnlich nicht auf. Auf dem Grund fließt ein kleiner Bach mit frischem, klarem Wasser, das aus den Bergen kommt. Ich glaube, dass Hans Torske hier entlanggegangen ist. Unweit der Almhöfe entdeckte er den Bach am Fuß der

Berge und folgte ihm bergauf. Der Bach unterschied sich von der Einförmigkeit des Waldes, er war etwas Lebendiges. Wäre der Junge der Fließrichtung gefolgt, hätte er früher oder später die Almhöfe entdeckt. Aber er lief entgegen der Fließrichtung nach Süden und kam immer weiter in das Skrim-Gebirge hinein.

Was dann geschah, hängt in erster Linie von zwei eng miteinander verbundenen Umständen ab: Wetter und Temperatur. Falls milde Temperaturen herrschten und es keinen Niederschlag gab, hätte Hans Torske mehrere Tage, vielleicht sogar Wochen überleben können. Falls jedoch Regen einsetzte und die Temperatur fiel, kann er sich schon nach wenigen Stunden in akuter Lebensgefahr befunden haben.

Tatsächlich wird die erste Annahme von Fakten untermauert. Als Hans Torske verschwand, machte das Meteorologische Institut bereits Aufzeichnungen der Wetterverhältnisse. Natürlich waren die Daten nicht so präzise wie heute, zudem gab es damals auch weniger Messstationen. Aber es befand sich eine Messstation in der Nähe von Kongsberg, und dieser zufolge herrschte an jenem Julitag im Jahr 1894 ein stabiles Hochdruckgebiet über ganz Ostnorwegen. Die an diesem Tag registrierte Temperatur betrug 20,5 Grad. Es gab weder Wind noch Niederschlag. Es war ein schöner, warmer Sommertag, einer jener Tage, an denen man bis spät in den Abend hinein leicht bekleidet herumlaufen kann.

Ich glaube, dass Hans Torske angesichts dieser Wetterverhältnisse dem Bach in entgegengesetzter Richtung folgte, bis er zu dem eigentlichen Hochgebirgsplateau kam. Dort oben hatte er einen guten Blick in verschiedene Himmelsrichtungen, aber vielleicht ist er auch mitten in der Nacht dort oben angekommen und hat überhaupt nichts erkannt. Oder er sah die Landschaft, war dann aber nur umso mehr verwirrt. Möglicherweise war er nie zuvor im Hochgebirge gewesen, eine

völlig fremde Landschaft, die ganz anders ist als die ihm vertrauten Straßen in der Stadt.

Er hat sich dann immer weiter verirrt, hat große Entfernungen in verschiedene Himmelsrichtungen zurückgelegt, ohne sich dessen überhaupt bewusst zu sein. Er ist viel weiter gewandert, als ein Sechsjähriger gemäß den Vermutungen der Suchmannschaften gehen konnte. Möglicherweise hat er sich an den höchsten Gipfeln orientiert, um von dort aus einen Überblick zu gewinnen. Vielleicht hat er sogar auf dem Gipfel des Styggemann gestanden. Heute befindet sich dort oben eine kleine Steinhütte, ein natürlicher Orientierungspunkt, der zu Hans Torskes Zeiten allerdings noch nicht existierte. Die Hütte wurde erst 1927 von Treschow-Fritzøe, dem der Wald gehörte, errichtet, als Aussichtsposten für Waldbrände.

1894 waren keine Menschen in den Skrim-Bergen. Es gab Bären, Steinadler und Wölfe. Skrim war eine gnadenlose Wildnis, in die sich niemand ohne guten Grund hineinwagte. Das »Freiluftleben« war zu jener Zeit bei den wohlsituierten Großstädtern gerade erst in Mode gekommen, für die Mittelklasse in Kongsberg und den umliegenden Gebieten muss es sich dabei allerdings um ein noch unbekanntes Phänomen gehandelt haben. Wenn Menschen sich in die wilde Natur hineinbegaben, geschah das im Zusammenhang mit ihrer Arbeit. Sie fällten Bäume, pflückten Beeren, gingen angeln oder auf die Jagd. Die arbeitende Bevölkerung kannte keine Freizeit. Die Natur als ein Ort der Erholung existierte in ihrer Vorstellung nicht, sie kannten sie nur als Arbeitsplatz.

Hans Torske konnte zweifellos überall Trinkwasser finden, aber Anfang Juli gibt es im Gebirge nicht viel, das man essen kann. Vielleicht ein paar Beeren, doch Beeren geben einem kleinen Körper nicht genügend Energie. Vermutlich ist Hans

Torske in wenigen Tagen abgemagert, seine Organe ließen ihn mehr und mehr im Stich. Der Körper hat andere Prioritäten gesetzt und für die Blutzufuhr zu den wichtigsten Organen gesorgt, dem Herzen und dem Gehirn. Die Nierenfunktion wurde beeinträchtigt, was zu einer Ansammlung von Giftstoffen im Körper führte. Immer mehr Körperfunktionen wurden in Mitleidenschaft gezogen.

Möglicherweise hat es sich so abgespielt, nachdem Hans Torske verschwunden war. Doch es gibt noch eine andere Möglichkeit.

Stabiler Hochdruck und hohe Temperaturen im Sommer führen häufig zu plötzlichen und kräftigen Wetterumschwüngen. Gewitter sind nicht nur von elektrischen Entladungen in der Atmosphäre gekennzeichnet, sondern auch von unvermittelt sinkenden Temperaturen und oftmals von großen, lokal begrenzten Niederschlagsmengen. Blitz und Donner hätten einen allein im Wald umherirrenden Jungen erschreckt. Große Niederschlagsmengen führen zu Dunst und Nebel, was die Sichtweite einschränkt. Daten vom Meteorologischen Institut zeigen, dass sich in den Tagen vor Hans Torskes Verschwinden ein solches Unwetter in der Nähe von Kristiania (Oslo) befunden hatte. Trieb es vielleicht in südliche Richtung auf Kongsberg zu?

In diesem Fall würde die Geschichte über den Jungen im Skrim-Gebirge ganz anders lauten.

Begeben wir uns noch einmal zurück an den Punkt, an dem Hans Torske auf den Bach trifft, der die südliche der beiden zum Hochgebirgsplateau hinaufführenden Schluchten durchfließt. Er folgt dem Bach, verlässt ihn aber irgendwann und steigt die Felspartie in Richtung Osten hinauf. Das Gelände wird rasch steiler, so steil, dass ein sechsjähriger Junge auf Händen und Füßen kriechen muss, um voranzukommen.

Ist er die Felspartie bis nach oben hinaufgeklettert, muss er zu einem Gipfel gekommen sein, der etwa hundert Meter unterhalb des Styggemann liegt. Diese Felsregion ist uneben, von Spalten und Klüften durchzogen und von einem undurchdringlichen Dickicht aus Krüppelbirken umgeben. Eine Landschaft, die zu durchqueren mühsam ist.

Hans Torske bewegte sich weiter ostwärts, erst bergauf, dann wieder hinunter. Am Fuß dieses Gipfels liegt ein großes Moor. Es erstreckt sich vom nördlichen Rand der Felspartie nach Süden, bis zum Fuß des Styggemann. Falls Hans Torske von Regen und fallenden Temperaturen überrascht wurde, ist es nicht unwahrscheinlich, dass er direkt dorthin gegangen ist. Er kann den Gipfel noch in der Nacht nach seinem Verschwinden oder am Morgen danach erreicht haben. Kalt, durchnässt und kraftlos. Völlig erschöpft nach all den Stunden in dem unwirtlichen Gelände.

Vielleicht ist er krank geworden und hat Fieber bekommen.

Seine Körpertemperatur kann gefallen sein, ohne dass er es bemerkt hat.

In einem norwegischen Wald kann ein Mensch mitten im Sommer durchaus erfrieren. Es ist nicht ungewöhnlich, dass die Temperaturen unter zehn Grad fallen. Und zehn Grad sind viel weniger, als die Temperatur eines menschlichen Körpers misst.

Kühlt der Körper auf diese Weise ab, spricht man von Hypothermie. Man erleidet keine Erfrierungen, wie es in einer Winternacht bei Minustemperaturen geschehen würde. Die Situation ist nicht dramatisch und wird nicht als akute Gefahr erlebt. Vollzieht sich der Temperaturrückgang langsam, hat der Körper Zeit, sich anzupassen. Die Zellen fahren ihre Aktivität herunter. Der Stoffwechsel wird langsamer, der Körper tritt in eine Art Ruhezustand ein. Man wird dösig und verliert das Gefühl für die Wirklichkeit. Man legt sich hin und schläft ein. Danach geht man in einen delirischen, komatösen Zustand über. Bekommt man in diesem Zustand keine Hilfe, dauert es nicht lange, bis der Körper seine Funktionen einstellt und das Herz aufgrund der fehlenden Sauerstoffzufuhr zu schlagen aufhört.

Vielleicht ist Hans Torske bei schönstem Sommerwetter durch das Skrim-Gebirge geirrt, vielleicht wurde er von einem Unwetter überrascht. Ich weiß nicht, welche Variante die wahrscheinlichste ist, und ich werde auch niemals eine Antwort auf diese Frage erhalten. Doch ungeachtet dessen, welcher Erzählung ich Glauben schenke, gibt es eine feststehende Tatsache: Zu irgendeinem Zeitpunkt hat Hans Torske auf dem großen Moor unterhalb des Styggemann gestanden und auf die Landschaft im Norden geblickt.

Noch immer wurde von dem verschwundenen Kind keine Spur gefunden [...] Dennoch sollte man die Hoffnung nicht aufgeben, das Kind lebend zu finden. Es gibt Beispiele dafür, dass Kinder aus der Stadt hier verschwanden und nach einem Zeitraum von drei Tagen in einigermaßen guter Verfassung wiedergefunden wurden. Wir möchten die Bevölkerung in der Stadt dazu auffordern, den Eltern bei ihrer Suche nach dem Kind auch weiterhin beizustehen und die Hoffnung nicht aufzugeben, dass es gefunden wird.

*Kongsberg Adresse*, 14. Juli 1894

EIN JUNGE GEHT ALLEIN durch die weite Landschaft. Hunderte von Menschen suchen nach ihm, die Mutter, der Vater und viele andere. Sie sind nicht weit von ihm entfernt, aber das weiß der Junge nicht. Es wird Abend, es wird Nacht, es wird Morgen.

Er geht weiter.

Ein Tag vergeht, zwei Tage, drei Tage.

Vielleicht vergehen auch nur ein paar Stunden.

Niemand weiß es, und niemand wird es je erfahren. Nur der Junge selbst, aber er kann nichts mehr erzählen.

Doch eines ist sicher.

Er steht auf einem Moor mit Blick nach Norden. Er schaut auf die Landschaft unterhalb des Gebirges, er schaut auf das Tal, wo der Almhof liegt, von dem er verschwand. Er sieht Bauernhöfe und Ackerstreifen, und weiter weg, im Osten, sieht er seine Heimatstadt.

Das alles sieht er, und er denkt vielleicht: Dort unten wohne ich, dahin muss ich gehen. Aber er geht nicht dahin, er geht niemals wieder hinunter. Mitten in der Nacht steht er da und sieht auf seine in der Dunkelheit liegende Heimatstadt, vielleicht herrschen auch Nebel und Regen, und die Aussicht ist schlecht. Vielleicht denkt er: Wenn ich sie sehe, dann müssen sie mich auch sehen.

Ich warte hier.

Bald kommen sie und holen mich.

Am Rande des Moors entdeckt er einen großen Stein. Er geht hin und bemerkt, dass der Stein warm ist. Hier will er sich ausruhen. Damit er weitergehen kann, wenn er wieder Kräfte gesammelt hat. Er legt sich die Mütze unter den Kopf. Zieht die Jacke aus und breitet sie über sich. Er schläft auf dem Stein in der großen, einsamen Landschaft ein.

ICH WACHE VOM GERÄUSCH fallender Tropfen auf. Nicht von einem Regenschauer, sondern von einzelnen Tropfen, die dicht aufeinanderfolgen. Sie fallen in einem gleichmäßigen Rhythmus herab und verursachen ein und dasselbe Geräusch, wenn sie auf den Boden treffen.

*Plopp … plopp … plopp … plopp.*

Ich öffne die Augen und weiß zunächst nicht, wo ich mich befinde.

Dann fällt es mir ein: am Skrim. Unter einem Dachvorsprung. Zusammen mit August. Gestern hat es geregnet, deshalb sind wir hier.

Die braune Waldmaus ist nicht mehr da. August liegt irgendwo in den Tiefen seines Schlafsacks, und draußen scheint die Sonne. Dann schlafe ich wieder ein, begleitet vom Geräusch der fallenden Tropfen. *Plopp … plopp.*

Ich werde wach, weil August mich rüttelt. Leicht verwirrt lächelt er mich an. Er ist in besserer Laune als gestern vor dem Einschlafen. Typisch Morgenmensch.

Beim Frühstück und unserer morgendlichen Militärübung herrscht eine leichte, beinahe euphorische Stimmung zwischen uns. Der Himmel ist blau, kein Wind, der perfekte Tag für eine Gipfelbesteigung. Wir packen unsere Rucksäcke, und nur kurze Zeit später gehen wir zurück in die Richtung, aus der wir gestern gekommen sind. Wir wollen wieder die steilen Hügel hinauf und durch den dichten Wald, bis zu dem Felsplateau, wo uns der Wanderer begegnet ist. Und von dort aus weiter zum Styggemann.

Nach einer Weile kommen wir wieder zu den beiden Almhöfen mit dem »Campen verboten«-Schild. August und ich denken wohl das Gleiche: dieser ewige Drang, etwas besitzen zu müssen und alle anderen davon fernzuhalten. Dann gehen wir in den Wald hinein. Es entsteht ein quatschendes Geräusch, wenn sich beim Gehen die Stiefelsohlen vom feuchten Waldboden lösen. Es rieselt und fließt und tröpfelt überall. Das Licht spiegelt sich in den Wassertropfen an den Tannennadeln, es glitzert in den Spinnennetzen. Ein kleiner Vogel sitzt auf einem von langen grauen Bartflechten überwucherten Fichtenzweig und singt. Es sind einzelne traurige Flötentöne, die er ausstößt. Ich glaube, es ist ein Dompfaff.

Wo der Waldboden karger ist, fließt das Wasser in gleichmäßigen Strömen über den Fels. Das Gras neigt sich unter dem Gewicht der Wassertropfen, und in der schattigen Kühle des Unterholzes ist die Luft derart von Sauerstoff angereichert, dass es sich anfühlt, als wären wir Zeugen der Entstehung der Welt.

August geht voraus.

Ich folge ihm.

Keiner von uns sagt etwas.

Das Gepäck fühlt sich heute schwerer an, obwohl es das nicht ist. Anfangs hatte ich Zweifel, ob ich einen so schweren Rucksack so lange mit mir herumtragen könnte, wie ich es jetzt schon tue. Ich spüre die Last auf den Schultern, mein Rücken schmerzt. Der Körper kann sich nicht so schnell von einem Tag auf den anderen erholen, noch dazu muss ich den Rucksack heute durch steiles Gelände einige Hundert Meter in die Höhe hinauftragen.

August trägt seinen Rucksack mit Leichtigkeit, wie es aussieht, obwohl der relativ gesehen genauso schwer für ihn ist wie meiner für mich.

Nach etwa einer Stunde Fußmarsch befinden wir uns oberhalb des Fichtenwalds. Im Nordosten können wir wieder den Styggemann sehen, der sich wie ein gepanzertes vorgeschichtliches Krebstier vor dem Himmel abzeichnet.

»Gehen wir da hinauf?«, fragt August.

»Ja«, erwidere ich, »das ist der Styggemann.«

»Sieht ziemlich weit aus«, sagt August.

Er weiß noch nicht, dass der Weg nicht ganz so leicht zu bewältigen ist, wie es von unserem Standort den Anschein hat. Zuerst fällt der Pfad zum Boden eines dunklen Tals hin ab und steigt dann steil zum Gipfel empor. Es ist kennzeichnend für diese Gebirgslandschaft, dass sie von keiner bestimmten Geländeform dominiert wird. Stattdessen löst ein Typus immer wieder den anderen ab, als stritten sie um die Vorherrschaft.

Welche Strecke man im Laufe eines Tages zurückzulegen vermag, hängt mehr vom Gelände ab als von dem Menschen, der sich darin bewegt. Viele Wandergebiete befinden sich in einem Gelände, von dem man glauben könnte, es sei eigens für Wanderer angelegt worden. In der Hardangervidda zum Beispiel kann man ganze Tagesetappen in einer Landschaft zurücklegen, die genauso flach und übersichtlich ist wie die breiten Straßen europäischer Hauptstädte. Und da man sich dort stellenweise oberhalb der Wolkengrenze befindet, ist es mitunter erstaunlich trocken.

Im Femundsmarka-Gebirge dagegen ist es sowohl flach als auch hügelig. Und im Rondane-Nationalpark stößt man an einigen Stellen auf große, runde Findlinge aus der Eiszeit. Diese Gebiete zu durchqueren kann manchmal Stunden dauern, weil ein Fehltritt mit dem schweren Rucksack auf den Schultern schnell zu einem verstauchten Fuß oder einem gebrochenen Knöchel führt. Andere Gebirgslandschaften, wie etwa im nördlichen Westnorwegen, sind so extrem von Tälern und Gipfeln durchzogen, dass bei der Beurteilung der Entfernungen und der Planung von Tagesetappen den Höhenunterschieden eine ganz zentrale Bedeutung zukommt.

Ein Erwachsener mit Gepäck auf dem Rücken legt in gewöhnlichem Gelände etwa drei Kilometer pro Stunde zurück. Rechnet man pro Stunde eine zehnminütige Rast hinzu und berücksichtigt man bei der Planung eine zusätzliche Stunde für eine größere Pause zum Essen und Ausruhen, heißt das, dass man auf einer durchschnittlichen Tagesetappe zwölf bis fünfzehn Kilometer bewältigt.

Ich weiß nicht, wie weit es bis zum Gipfel des Styggemann ist. Viel wichtiger ist momentan die Tatsache, dass wir zunächst ein ganzes Stück ins Tal hinunter- und danach wieder hinaufmüssen. Und eine Talsohle zu durchqueren heißt in diesem Fall, dort entlangzulaufen, wo sich im Laufe der Nacht der ganze Niederschlag angesammelt hat.

Zurück an dem Felsplateau mit den großen Steinbrocken, setzen wir unsere Rucksäcke ab und lehnen sie an einen der Steine. Wäre der Styggemann ein Troll, so könnte man vielleicht sagen, dass er sich mit diesen Brocken amüsiert hat; als hätte er diese Murmeln aus Granit von sich weggekullert und versucht, sie in eine bestimmte Position zu manövrieren. Eine Art urzeitliches Boccia? Wir trinken frisches Wasser und essen Blockschokolade und Knäckebrot mit Schmierkäse aus der Tube. August hebt ein paar kleine, flache Steine auf, die mit grüner und gelber Landkartenflechte überzogen sind, und wirft sie, so weit er kann, in den Wald unter uns. Er schiebt ein paar Steine auf dem nackten Fels umher, was ein hohles

Geräusch verursacht, als gäbe es darunter einen Raum, von dem niemand etwas weiß. Zum ersten Mal werden diese Steine bewegt. Vielleicht haben sie zehntausend Jahre an ein und derselben Stelle gelegen, doch dann kommt ein siebenjähriger Junge aus Oslo vorbei und befördert sie kurzerhand ins dichte Unterholz, zwischen Gras und Moos und Farnkraut.

»Weißt du eigentlich, dass du die Steine jetzt in eine ganz andere Welt hineinwirfst?«, frage ich.

August starrt mich wortlos an. Vielleicht denkt er, dass ich verrückt geworden bin. Vielleicht denkt er auch nur, dass ich wie üblich herummosere. Offenbar achtet er auch nicht auf das, was ich sage, denn er ist vollauf damit beschäftigt, zu beobachten, wie weit die Steine fliegen und was passiert, wenn sie landen. Das Spielchen gehört in dieselbe Kategorie wie Stöckesammeln; etwas, das Kinder überall auf der Welt zu faszinieren scheint, zu allen Zeiten und in allen Kulturen.

Die Steine allerdings hätten jetzt genauso gut auf einem Schiff in die Karibik transportiert werden können – so anders ist die Umgebung dort unten im Wald. Sie haben im offenen Gelände gelegen und sind Bestandteil des Hochgebirges geworden. Solche Steine sind fast immer von Flechten bedeckt. Aber die Landkartenflechte existiert nur hier oben, sie fühlt sich in tiefer liegenden Gebieten nicht wohl und würde dort nicht überleben. Die Steine verändern sich von Grund auf und werden – nachdem die Landkartenflechte eingegangen ist – von grüner Biomasse oder dickem, saftigem Moos überzogen werden, bis abermals ein Junge vorbeikommt und sie wieder hinauf auf das Felsplateau wirft und der ganze Prozess von vorn beginnt. Das hat jeder schon einmal erfahren müssen, der im Gebirge einen schönen flachen Stein mit Landkartenflechte gefunden und ihn mit hinunter ins flache Land genommen hat, damit er dort die Eingangspartie des Hauses verschönert. Nach einer Weile verschwindet die Flechte, und der Stein ist nicht mehr ein Stein aus dem Hochgebirge, sondern bloß ein ganz gewöhnlicher Stein.

»Wollen wir los?«, ruft August.

Er möchte weiter. Da er das Ziel jetzt direkt vor Augen hat, ist er voller Energie. Hier sind wir, da oben ist der Styggemann, und um dort hinzukommen, müssen wir losgehen. So einfach und konkret ist das.

Ich nicke zur Bestätigung. »Setz dir den Rucksack auf, geh voraus, und achte darauf, dass wir den Pfad nicht aus den Augen verlieren – denn jetzt kommen wir in ein Gebiet, in dem man sich schnell verlaufen kann. Falls wir die Übersicht verlieren und vom Weg abkommen, müssen wir uns an der Neigung des Geländes orientieren. In westliche Richtung geht es die ganze Zeit bergab. Richtung Osten steigt es an. Wir bewegen uns also auf gerader Linie, sodass es rechts von uns nach oben und links von uns nach unten geht. Und dann müssen wir auf die Wasserläufe achten. Wenn die Fließgeschwindigkeit abnimmt und das Wasser breitere Rinnen bildet, wissen wir, dass wir uns in der Talsohle befinden und dass der Aufstieg beginnen kann. Dort unten stoßen wir dann auch auf einen Bach, der von Norden kommt, von den Gewässern unterhalb des Styggemann. Dem werden wir ein gutes Stück folgen.«

Mit der Sonne im Rücken gehen wir etwa eine halbe Stunde weiter. Dann beginnt der Abstieg. Schon bald sind wir völlig von Wald umgeben. Der Boden ist aufgeweicht, schwarze Erde heftet sich beim Gehen an die Stiefel. Die Feuchtigkeit im Gras dringt in die Hose und lässt sie an den Schenkeln festkleben. August rutscht auf einem Stein aus und fällt hin, dabei knallt ihm der Rucksack gegen den Hinterkopf. Er steht auf und fängt an, mit dem Rucksack zu schimpfen.

»Verdammtes Mistding!«, ruft er aufgebracht. »Fuck, verfluchte Scheiße!«

Wir gehen weiter.

Ich enthalte mich eines Kommentars ob seiner Flüche.

Abermals rutscht August aus.

Ich merke, dass seine Kräfte nachlassen.

Der dichte Laubwald wird nach und nach von altem Fichtenwald abgelöst. Der Bewuchs unter den Fichten wird lichter. Hier gibt es nur niedrige grüne Pflanzen, die vielleicht – so könnte man meinen – zu jener Art von Biomasse gehören, die seit Erschaffung der Welt unverändert ist und von der wir somit auf seltsame Weise abstammen. Es ist fast so, als ginge man unter Wasser, als schwömme man über einen von Seegras bedeckten Meeresboden. Es ist dämmrig, kühl und still. Vereinzelte Vogelschreie verstärken die Stille. In völliger Lautlosigkeit und abseits der Welt befinden wir uns an einem Ort, der nur sich selbst und dem Wechsel der Jahreszeiten überlassen ist.

August bleibt stehen. Ich kann ihm ansehen, dass ihn irgendetwas stört.

»Hast du Hunger oder Durst? Ist dir zu heiß oder zu kalt?«, frage ich.

»Ja, Papa. Genau das!«, sagt er.

Ihm ist zu warm. Ich rate ihm, die Allwetterjacke und die Fleecejacke auszuziehen und nur in dem dünnen Wollpullover weiterzulaufen.

Das hilft.

Wir kommen immer weiter ins Tal hinunter.

Abermals rutscht August aus und fällt hin. Noch bevor er den Halt verliert, sehe ich, was passieren wird. Er tritt auf einen halb verrotteten Ast, der mitten auf dem Weg liegt, und platziert seinen Fuß exakt so, dass er ausrutschen muss – und genau das geschieht.

Er fällt hin und bleibt liegen.

Jetzt geht es ihm wie einem Skiläufer, dessen Körper schon ganz steif ist und der nur noch darauf hofft, bis zur Ziellinie einen mechanischen Rhythmus beibehalten zu können. Immer wieder dieselbe Bewegung vollführen, nicht vom vorgegebenen Muster abweichen und den Körper überlisten, sodass er die Müdigkeit vergisst. Aber an der Steigung rutscht ihm einer der Skier weg, der Körper muss ein unerwartetes Manöver ausführen, die Muskeln spannen sich an, um das Ungleichgewicht zu kompensieren. Aber genau darin liegt die Tragödie des Skiläufers. Nach ein paar Metern wird der Körper ganz steif, der Läufer begreift, dass er keine Energie mehr hat, dass er den Rhythmus nicht wiederfindet, und von diesem Punkt an geht es mit ihm abwärts.

August steht auf und läuft weiter.

Zum ersten Mal auf dieser Tour höre ich ihn weinen. Herzerweichende Schluchzer, die tief aus dem Bauch kommen. Er weint und läuft gleichzeitig. Als wir schließlich ganz unten im Tal ankommen und das Gelände flach wird, bleibt August stehen.

Er sinkt förmlich zu Boden und sagt: »Warum, Papa? Warum musstest du mich auf diese Tour mitnehmen?«

Ich hocke mich neben ihn.

Wir befinden uns ganz in der Nähe einiger uralter Siedlungsreste. Bereits im 17. Jahrhundert wurden hier mehrere Almhöfe errichtet. Doch mittlerweile ist fast nichts mehr von ihnen übrig, sie sind im Boden versunken, verschluckt von Erde und Moos, Pilzen und Flechten. Die Natur verzehrt alles, zersetzt alles in seine Bestandteile und verwendet sie als Nahrung für neues Leben; sie verleibt sich alles ein, sofern sie nur genügend Zeit dafür hat. Auch ein Haus, in dem einst Menschen lebten.

»Ich will nach Hause«, sagt August.

Ich weiß nicht, was ich erwidern soll. Ich komme mir dumm und gemein vor. Also frage ich August, ob er auf meinem Schoß sitzen will. Das möchte er, und dann weint er noch heftiger. Im Halbdunkel des Tals hören sich seine Schluchzer an, als kämen sie aus einer Quelle, die sich nach und nach gefüllt hat. Die Tränen und Schluchzer wären vermutlich so oder so gekommen, und deswegen ist es auch in Ordnung, wenn sie jetzt kommen, mitten in einem Tal unterhalb des Styggemann.

»Ich bin gern auf einer Expedition, ich bin gern draußen unterwegs«, sagt August. »Aber ich vermisse die Menschen.«

Ich weiß das schon lange, schon seit der ersten Zeltübernachtung, als er vier Jahre alt war. Damals war das Laufen die große Herausforderung. Dass wir beide uns allein im Wald aufhielten, war kein Problem, denn sehr viel größer war seine Welt damals ja nicht. Jetzt geht es weniger um die körperliche als um die psychische Anstrengung. Einige Tage ist er allein auf mich angewiesen und kann nur mit mir reden. Ihm fehlen die Menschen, von denen er sonst umgeben ist, ihm fehlt die Routine des Alltags, die sein Dasein ordnet, und ihm fehlt die sichere und vertraute Umgebung. Ich bin zwar sein Vater, der viele wichtige Funktionen in seinem Leben erfüllt, aber eben auch nicht alle.

»Ich vermisse Menschen«, sagt August noch mal.

Er weint immer lauter, und ich weiß gar nicht, was ich sagen soll. Schließlich fällt mir ein kleiner Trick ein, den ich schon früher einmal erfolgreich angewendet habe: Ich rede über die Gebrüder Dal und Professor Drøvel und all die Türen, die am Ufer des Flusses namens Überfluss auftauchen. August hat die Fernsehserie mehrmals gesehen, und besonders gefiel ihm, dass es in einer Folge mitten in der Einöde eine Tür gab, durch die man gehen konnte, um an einem ganz anderen Ort zu landen.

August beruhigt sich allmählich und sagt, wenn es hier so eine Tür gäbe, dann wünschte er, dass sie direkt ins Ulle-vaal-Stadion führen würde, das sowohl ein Fußballstadion als auch unser örtliches Einkaufszentrum beherbergt. Jedenfalls könnten wir durch die Tür direkt zu Burger King gehen, bevor wir unseren Weg zum Styggemann fortsetzten.

Ich sage zu August, dass ich seinen Rucksack von hier zum Gipfel hinauftragen kann. Das ist ein Vorschlag, der ihm gefällt. Also hole ich den Proviant hervor, und August zieht Shorts und ein T-Shirt an. Er möchte wissen, ob Gaus, Roms und Brumund Dal immer noch leben. Ich erzähle ihm, dass Gaus und Roms noch am Leben sind, Brumund aber gestorben ist.

»Brumund hieß eigentlich Trond Kirkvaag und starb zwei Jahre vor meiner Großmutter an Krebs«, erkläre ich. »Sie waren ungefähr gleich alt, als sie starben, etwas über sechzig.«

»Wie Ludvigsen«, sagt August.

Er erinnert sich daran, dass der Musiker im selben Jahr gestorben ist wie meine Mutter, Augusts Großmutter, und dass beide 1947 geboren wurden.

»Und Prince ist auch gestorben«, fährt August fort.

An diesem Punkt wird mir klar, dass die Ursache für seine Verstimmung, nämlich allein mit seinem Vater in der Wildnis zu sein, überwunden ist.

August wischt sich die letzten Tränen ab und steht auf. Während ich alles wieder zusammenpacke, redet er weiter über Prince, Brumund und Ludvigsen. Ich lege seinen Rucksack oben auf meinen und schnalle ihn daran fest. Dann nehme ich seine Allwetter- und seine Fleecejacke und knote sie an den Riemen meines Rucksacks fest, sodass August jetzt nur noch sein eigenes Gewicht zu tragen hat. Dann hieve ich mir den Rucksack auf die Schultern. Mit dem ganzen Gepäck auf dem Rücken aufzustehen erweist sich als ein beinahe undurchführbares Manöver, da der Rucksack nun zwischen fünfunddreißig und vierzig Kilo wiegt.

August bewegt sich jetzt leicht wie eine Feder und verschwindet im dichten Unterholz. Ich rufe ihm nach, dass er warten soll. Der Pfad ist jetzt nämlich kaum noch auszumachen, und ich befürchte, dass ich August verliere. Ich rufe noch einmal, aber er antwortet nicht. Wenn er auch nur hundert Meter in die falsche Richtung geht, ist er schon zu weit entfernt, um mich hören zu können. Töne werden in diesem Gelände nicht weit getragen. Die Sicht ist gleich null. Wenn er weitere hundert Meter in die falsche Richtung geht, ist er noch weiter weg, und dann kann es sogar passieren, dass er innerhalb einer halben Stunde verschwunden ist.

Ich rufe ihn abermals, und nach einigen Sekunden taucht er aus einem Gebüsch oberhalb von mir auf, gut gelaunt und voller Energie, ganz wild darauf, endlich zum Gipfel zu kommen.

Ich glaube, er genießt die Situation. Dass ich es bin, der hinterhertrottet, während er topfit und bereit für die nächste große Herausforderung ist. Ich erkläre ihm, wie wichtig es ist, dass wir uns jetzt nicht aus den Augen verlieren. August scheint zu begreifen, dass ich es ernst meine. Er geht weiterhin voraus, jetzt aber in einem ruhigeren Tempo.

Die Trekkingstöcke sind eine große Hilfe. Zwei Arme, zwei Beine und eine Hüfte schaffen es gerade, die Kombination aus Mensch und Rucksack nach oben zu befördern, ein Schritt nach dem anderen. August wirkt trotz der Höhenlage ziemlich unbeschwert. Wenn man ihre Kraft im Verhältnis zu ihrem Gewicht betrachtet, sind Kinder viel stärker als Erwachsene. Das merkt man schnell, wenn man Kinder in eine Kletterwand mitnimmt. Fast immer kommen sie mit den Herausforderungen besser klar als Erwachsene. Das liegt zum Teil daran, dass sie gelenkiger sind und sich geschmeidiger fortbewegen können, vor allem aber daran, dass ihre Kraft im Verhältnis zum Körpergewicht viel größer ist.

August und ich haben schon öfter darüber gesprochen, wenn wir in einem der vielen Osloer Kletterzentren herumgekraxelt sind. Oder auch im Sommer, in der Ferienhütte, als wir Ameisen, die tote Artgenossen umhertrugen, auf den Felsen gesehen haben. Eine Ameise kann eine andere ganz einfach tragen, auf eine Art und Weise, die für uns Menschen unmöglich wäre.

Als er noch kleiner war, hat es August immer Spaß gemacht, auf folgende rhetorische Frage zu antworten: »Was glaubst du – welches Geschöpf der Erde ist im Verhältnis zu seinem Körpergewicht das stärkste?«

»Die Ameise!«

Und dann habe ich immer erzählen müssen, dass die Ameisen vermutlich die Welt beherrschen und wir alle in ziemlichen Schwierigkeiten stecken würden, wenn sie so groß wären wie wir Menschen.

Wir kommen zu einem Plateau hinauf, wo es ein Moor und einen kleinen See gibt. Ich rufe August und sage ihm, dass wir eine Pause machen werden. Wir müssen nämlich unsere Wasserflaschen auffüllen, es könnte die letzte Wasserstelle vor dem Gipfel sein.

Auf einer Krüppelbirke in der Nähe sitzt eine Kohlmeise. Sie hackt energisch auf etwas ein, eine Knospe oder ein Insekt. Vielleicht ist sie hungrig, vielleicht hackt sie auch nur auf ihre Beute ein, um die Zeit totzuschlagen.

Eine Kohlmeise, die auf einer Krüppelbirke hockt und mit dem Schnabel ein Insekt bearbeitet, macht sich keine Gedanken darüber, was sie tut, wer sie gestern gewesen ist oder was sie morgen zu erledigen hat. Sie hat keinerlei Vorstellung von sich selbst oder ihrem Platz in der Welt. Vielleicht ist es diese nicht vorhandene Eigenschaft, die die Tiere am deutlichsten von den Menschen unterscheidet. Wir haben ein Ego. Wir können uns selbst von außen betrachten, wir können unsere Handlungen und unser Auftreten einschätzen, und wir sind mit einem freien Willen ausgestattet, der beinhaltet, dass wir uns auch ändern können. Gleichwohl ist der freie Wille sowohl ein Segen als auch ein Fluch. Er beschert uns Wahlmöglichkeiten, die uns wiederum vor Dilemmata stellen. Wir können zum Vorteil unserer selbst und anderer handeln, aber genauso gut zum Nachteil. Für die Kohlmeise ist das Leben einfach. Sie braucht keinerlei Wahl zu treffen und kann für nichts verantwortlich gemacht werden.

August sitzt im Heidekraut. Mit einem Stock gräbt er in dem weichen, moorigen Untergrund herum. Er wirkt von dieser Tätigkeit völlig gefangen. Ich habe keine Ahnung, was er damit zu erreichen versucht, und ich bin ziemlich sicher, dass er das selbst nicht mal weiß. Ich frage ihn, ob er das Leben einfach oder schwierig findet. Ich muss die Frage zweimal wiederholen, bevor er überhaupt den Kopf hebt.

»Findest du das Leben schwierig oder einfach?«, frage ich.

»Einfach«, erwidert August und gräbt weiter.

EINE GANZE WEILE BLEIBEN WIR an dem See sitzen. Im Westen können wir weit nach Telemark hineinsehen. Ein bewaldeter Hügelkamm nach dem anderen. Von unserem Standort wirken sie farblos. Die nächstliegenden sind dunkel, fast anthrazitfarben, mit zunehmender Entfernung zeigen sie sich in immer heller werdenden Grautönen.

Im Nordosten können wir den Styggemann und die dort oben liegende Steinhütte deutlich erkennen. Wie viele regional oder auch weltbekannte Bergregionen ist der Styggemann mit bestimmten Mythen und Geschichten verbunden, die um seine Entstehung kreisen. Es sind Schöpfungsgeschichten, die irgendwann einmal in der Vergangenheit entstanden sind, in einer Zeit, in der die Menschen nur wenig über die Entstehung der Welt wussten, dafür aber eine umso lebhaftere Fantasie besaßen. Vielleicht hatten sie auch ein gesteigertes Bedürfnis nach Geschichten, die beschreiben konnten, wieso Naturphänomene existierten oder Landschaften eine bestimmte Gestalt hatten.

Blitz und Donner.

Frost und Überschwemmungen.

Dürre und Waldbrände.

Alles wurde mit Blick auf irdische oder religiöse Zusammenhänge erklärt und in einer mystischen Vorzeit verortet.

So rankt sich auch eine Sage um den Styggemann. Einst lebte ein Troll in dieser Gegend, und ihm gefiel nicht, dass

Menschen hierherkamen. Der Troll wohnte ganz oben auf dem Berg und hatte die beste Aussicht. Wenn er Menschen kommen sah, warf er Steine nach ihnen – die großen, eckigen Felsbrocken, auf denen August herumgeklettert ist. In den alten Geschichten ist der Troll also der Grund dafür, dass die Felsbrocken in der Landschaft verteilt liegen. Die moderne Wissenschaft sieht die Eiszeit als Ursache für dieses Phänomen. Der Troll jedenfalls wagte sich nur bei Bewölkung ins Freie. Eines Tages jedoch tauchte unverhofft die Sonne auf, und der Troll konnte nicht mehr fliehen. Der Mythos um den Styggemann im Skrim-Massiv endet wie fast alle diese Geschichten: Der Troll wurde zu Stein.

Die Konturen des Trollgesichtes kann man noch heute in der Gipfelspitze des Styggemann sehen. Doch dafür muss man sich an einer bestimmten Stelle befinden. Ich glaube nicht, dass wir jetzt am richtigen Platz stehen, ich kann jedenfalls nichts erkennen. Allerdings weiß ich, dass man den Kopf ein wenig schräg nach links legen muss. Dann sieht man – vermutlich mit einem gewissen Wohlwollen –, dass sich ein Gesicht im Fels abzeichnet. Die Figur, zu dem das Gesicht gehört, liegt auf dem Rücken und blickt direkt in den Himmel. Eine Riss im Fels stellt die Augen dar, ein geschwungener Vorsprung die Nase, und eine breite Spalte verkörpert den Mund.

Ich habe das Gesicht schon einmal in einem Buch abgebildet gesehen. Dieses Wesen erinnert an die steinernen Gesichter auf den Osterinseln. Es ist gar nicht hässlich und wirkt auch nicht zornig, eher sanft und verwundert. Das also ist ein Troll. Mythen und Geschichten kreisen um fast alle norwegischen Gebirge, und auffallend oft sind sie in ihrem früheren Leben Trolle gewesen.

Ich erzähle August von dieser Geschichte und frage ihn, ob er den Troll im Fels sehen kann.

»Da ist die Nase, da sind die Augen – der Troll hat übrigens ganz kleine Augen –, und da ist das Kinn. Er sieht aus wie Lord Voldemort«, sagt er nach zwei Sekunden Bedenkzeit.

Die letzte Etappe zum Gipfel ähnelt einem Schlussspurt, was August überaus gut gefällt. Er ist ganz in seinem Element, für einen kurzen Augenblick verschwindet er wieder aus meinem Sichtfeld, und ich rufe ihn zurück. Wir müssen jetzt auf einer Felspartie herumklettern, die steil nach unten abfällt. An einigen Stellen gibt es Felsüberhänge, von denen man mehrere Meter in die Tiefe stürzen könnte. Ich möchte, dass August sehr genau auf seine Schritte achtet.

Als dann schließlich nur noch ein paar Meter bis zur Gipfelspitze übrig sind, lasse ich August in seinem eigenen Tempo davonstürmen. Ich hingegen krieche auf allen vieren weiter, und als ich den Kopf über die letzte Kante hebe und die Gipfelspitze sehe, hockt August schon da und grinst mich vergnügt an.

Ich setze mich neben ihn und lege einen Arm um seine Schultern. Inzwischen ist es Nachmittag geworden. Einen ganzen Tag haben wir gebraucht, um hier heraufzukommen. Jetzt sind wir beide schweißgebadet. Wir befinden uns so hoch oben, dass es sich anfühlt, als blickten wir direkt vor uns auf die Unterseite der Wolken. Wir sehen in der Ferne Litfjell und Blefjell, den Gaustatoppen und Kongsberg. Wir sehen Orte, deren Namen wir nicht kennen.

Ich zeige auf die Moorlandschaft im Nordwesten. Sie befindet sich bestimmt hundert Meter tiefer als der Gipfel, die Entfernung beträgt etwa einen Kilometer Luftlinie. Zwischen den Mooren und dem Gipfel liegen zahlreiche kleine Seen. Die Moore sind gelborange und ziemlich groß. Sie sind von Krüppelbirken umgeben und mit Torfbrombeersträuchern und einem weißen Teppich aus Wollgras überzogen.

Viele Male war ich versucht, August die Geschichte von Hans Torske zu erzählen. Schon am ersten Abend im Zelt hätte ich es gern getan. Auch später dann, als wir am namenlosen See saßen, als wir unter dem Dachvorsprung hockten und den Regen beobachteten oder als wir uns unten im Tal ausruhten. Jedes Mal habe ich darauf verzichtet. Jetzt aber sitzen wir auf dem Gipfel der Welt, unter einem hellen Sommerhimmel, und spüren die Wärme der Sonne auf dem Gesicht. In gewisser Weise ist es also schwer vorstellbar, dass es andere Schicksale als dieses überhaupt geben kann.

»Einmal ist dort unten ein Junge in deinem Alter herumgewandert«, sage ich. »Er hatte sich verlaufen. Er war ganz allein im Gebirge, ohne Proviant oder warme Kleidung, ohne einen Erwachsenen, der ihm hätte helfen können.«

»Wie hieß er?«, fragt August.

»Er hieß Hans Torske«, antworte ich. »Und er lebte vor über hundert Jahren.«

Dann erzähle ich die Geschichte von dem Jungen, der sich verirrt hatte.

Als ich fertig bin, sagt August: »Was ist passiert? Hat er den Weg nach Hause gefunden? Wurde er von den Erwachsenen gerettet? Was passierte mit dem Jungen?«

Der vor etwas über einem Jahr verschwundene Junge wurde nun gefunden.

*Kongsberg Adresse*, 31. Juli 1895

ES IST SPÄTSOMMER, man schreibt das Jahr 1895. Ein Jahr ist seit Hans Torskes Verschwinden vergangen, niemand sucht mehr nach ihm. Irgendwann müssen sie aufgegeben haben, erst die Suchmannschaften, dann die Menschen auf den Almhöfen in der Nähe, schließlich die Mutter und der Vater und der Bruder Erik. Als der Sommer in den Herbst überging und der Herbst vom Winter abgelöst wurde, zerstob die letzte Hoffnung. Am Skrim wird es kalt. Schon im Oktober fällt der erste Schnee.

Es ist einer der letzten Julitage, der Spätsommer hat der Natur seinen Stempel schon aufgedrückt. Zwei Beerensammler durchstreifen die Felslandschaft. Sie heißen Marie Kongsgård und Ole Grønvad. Vielleicht kommen sie von einem der Höfe unten in Lågendalen. Vielleicht kommen sie auch aus Kongsberg. Sie sind schon eine ganze Weile unterwegs, gehen die ganze Zeit bergauf, höher und höher. Nur zu Fuß können sie ihr Ziel erreichen, der Weg ist weit, egal, aus welcher Richtung sie kommen.

Schließlich gelangen sie zu einer großen, flachen Moorlandschaft. Im Norden können sie die Ackerlandschaft unten im Tal erkennen, etwas weiter weg liegt die Stadt Kongsberg. Im Westen, wo das Gelände langsam zu dem dahinterliegenden Berg ansteigt, fällt ihnen zwischen Krüppelbirken und niedrigen, gekrümmten Fichten eine Unregelmäßigkeit auf –

etwas, das nicht in die Landschaft passt. Falls es schon Nachmittag ist und die Sonne im Westen steht, müssen die Beerensammler es unmittelbar bemerken, als sie auf den Rand des Moors blicken. Sie wundern sich. Vielleicht hebt einer von ihnen den Arm und hält sich die Handfläche schützend über die Augen.

Ein länglicher Stein ragt aus den Blaubeersträuchern hervor. Er ist nicht groß, etwa einen Meter lang und einen halben Meter breit, aus hellem Granit, an den Kanten sanft abgerundet. Der Stein ist nicht ungewöhnlich, doch was auf dem Stein liegt, hat die Aufmerksamkeit der beiden Beerensammler geweckt.

Ein Junge, ein kleiner Mensch, still und reglos, mit einer Mütze unter dem Kopf und einer Jacke über sich. Vom Standort der beiden Wanderer mag es so aussehen, als schliefe er. Vielleicht begreifen sie aber auch unmittelbar, dass er tot ist.

Sie hatten vom Verschwinden eines Jungen und der Suchaktion in den Zeitungen gelesen. Ein Gedanke nimmt Gestalt an. Sie gehen näher heran, und als sie dicht neben dem Stein stehen, sind sie sich sicher.

Der Junge auf dem Stein ist Hans Torske.

DIE SONNE TRITT HINTER den Wolken hervor und lenkt ihre Strahlen direkt zu unserem Platz. Zwei Menschen auf einem Berggipfel und eine Sonne, die frei im großen Weltraum schwebt. Zwischen ihr und uns liegen hundertfünfzig Millionen Kilometer dunklen, leeren Raums. Ungeachtet dessen ist die Sonne Voraussetzung für alles Leben auf der Erde. Stünde die Sonne nicht dort oben, gäbe es uns hier unten nicht.

Ich erzähle von Hans Torske.

Wir wissen nicht viel über ihn. Er wurde nur sechs Jahre alt, und ein Sechsjähriger, der 1894 starb, hinterlässt kaum mehr als die Erinnerungen bei denen, die ihn gern hatten.

Auch sie sind längst gestorben, und alles, was bleibt, sind eine in den Stein eingelassene Gedenktafel sowie ein verblichenes gelbes Schild:

*Hans Torske*
*Am 8-7-1894 am Breistul-Almhof verschwunden*
*Wurde an diesem Ort am 29-7-95 tot aufgefunden*

»Woran ist er gestorben?«, fragt August.

Ich antworte, so gut es geht.

»Das kann niemand mit Sicherheit sagen. Er kann verhungert sein, was jedoch bedeutet, dass er viele Tage in diesen Bergen herumgelaufen ist. Ich glaube das aber nicht, denn dann wäre er nicht auf diesem Stein in dem Moor gefunden worden, das direkt oberhalb des Almhofs liegt, von dem er verschwand. Ich glaube, dass er starb, weil seine Körpertemperatur zu stark gesunken ist, und dass das noch in derselben Nacht passierte, als er sich verirrte, oder am folgenden Tag. Er lief direkt die steile Felspartie hinauf, und als er oben ankam, hat er sich auf den Stein am Rand des Moors gelegt. Vielleicht hat es geregnet. Doch auch wenn das Wetter schön war, kann es nachts im Gebirge kalt geworden sein. Wenn sich ein sechsjähriger Junge dort hinlegt, um zu schlafen – direkt auf dem Stein und ohne warme Kleidung –, dann kann es sein, dass er nicht mehr aufwacht, weil es im Laufe der Nacht so kalt geworden ist. Wenn Hans Torske so gestorben ist, kann man sich vielleicht mit dem Gedanken trösten, dass er nicht sehr lange allein war.«

August fragt: »Wo war sein Vater?«

Ich erwidere: »Ich glaube, sein Vater war …«

»… tot? Ein Dieb? Ein gemeiner Kerl? Alkoholiker?«

»Nein, nichts davon. Ich glaube, er war nur nicht auf dem Almhof, als sein Sohn verschwand. Die Mutter starb ein paar Jahre, nachdem Hans gefunden worden war. Jemand meinte, sie sei an Kummer gestorben, aber ich glaube, sie starb an Tuberkulose, einer zu jener Zeit weitverbreiteten Krankheit. Das Moor, in dem Hans gefunden wurde, heißt heute Torskemyra, und der Fels hinter dem Stein, auf dem er gelegen hat, wird Torskeknatten genannt. In Kongsberg gibt es mitten im Zentrum einen kleinen Hügel, den man Torskebakken nennt. Dort lebte Hans zusammen mit seiner Familie. In einigen Archiven habe ich gelesen, dass der Vater und der Bruder Erik dort weiterlebten, nachdem erst Hans und dann die Mutter gestorben waren. Einmal waren sie eine sechsköpfige Familie gewesen. Dann waren nur noch zwei übrig. So war das, als man vor über hundert Jahren in Norwegen lebte. Viele starben, bevor sie erwachsen wurden. In den Kongsberger Kirchenbüchern, wo Geburten und Todesfälle verzeichnet sind, gibt es zahlreiche Einträge über Kinder aus den 1890er-Jahren, die nur ein paar Jahre lebten. Manche von ihnen wurden nicht einmal so alt, wie du jetzt bist.«

»Wieso hat er nicht den Weg nach Hause gefunden?«, fragt August.

Ich antworte ihm, so gut ich kann. »Zu Hans Torskes Zeit wusste man nicht so genau, wie Kinder sich verhalten würden, wenn sie sich verliefen. Heute weiß man mehr darüber. Ein sechsjähriger Junge kann nämlich ziemlich weit gehen, viel weiter, als man annehmen sollte. Er begreift irgendwann, dass er sich verirrt hat, und versucht, den Weg zurück zu finden. Aber in seinem Kopf gibt es eine wilde Mischung aus Vernunft und Fantasie. Er denkt in erster Linie an das Ziel, in diesem Fall also an den Almhof, und nicht so sehr daran, wie er es schaffen soll, da hinzukommen. Hans Torske war zu jung, um sich einen Plan auszudenken, wie wir das auf unserer Expedition gemacht haben. Er lief immer weiter und weiter und hoffte darauf, dass er irgendwann nach Hause kommen würde, wenn er nur weit genug ginge.«

August sitzt ganz still da. Etwas verrät mir, dass er genau zuhört. Deshalb erzähle ich weiter.

»Wenn ein sechsjähriger Junge sich verirrt, sucht er nach etwas, das ihm bekannt vorkommt. Einem Berggipfel, einem Weg oder einem Bach. Es gibt einen enormen Unterschied zwischen einem Sechsjährigen und einem Siebenjährigen. Ein Siebenjähriger ist nicht nur stärker und besitzt mehr Ausdauer, er begreift auch, was es bedeutet, sich zu verirren. Ein Siebenjähriger kann eine Landschaft einordnen und eine Landkarte lesen. Verirrt er sich, ist er fähig, sich an bestimmte Stellen zu erinnern, an denen er schon einmal vorbeigekommen ist, und auf diese Weise den Rückweg zu finden. Wenn du dich verlaufen würdest, hättest du viel größere Chancen, wieder zurückzufinden, als Hans sie hatte.«

August hat seine Mütze verkehrt herum aufgesetzt und trägt eine silberfarbene Sonnenbrille mit verspiegelten blauen Gläsern. Sein Aufzug wirkt in diesem Moment völlig deplatziert.

Ich fahre fort: »Das Tragische an Hans Torskes Geschichte ist, dass er sich ganz in der Nähe des Almhofs befunden hat, als er starb. Und dass die Suchmannschaften bei diesem Stein, auf dem er lag, fast vorbeigekommen sind. In den Zeitungsartikeln, die ich gelesen habe, stand, dass die Mannschaften ziemlich weit hinaufgegangen sind, aber dann umkehrten, kurz bevor sie zum Gipfelbereich kamen, wo sich das Moor befindet. Sie hatten einfach nicht damit gerechnet, dass er so weit nach oben gelangt sein konnte.«

August steht auf und geht zu dem kleinen Schild hinüber, das am Fels befestigt ist. Er schaut nach Süden. Ich stelle mich neben ihn und zeige auf einen großen, länglichen See dort unten.

»Am Ende dieses Sees liegt die schwarze Wanderhütte, an der wir am Anfang unserer Expedition vorbeigekommen sind«, sage ich. »Und etwas dahinter liegt der Parkplatz mit unserem Auto.«

August starrt in die Richtung. Zwischen uns und dem Wagen liegt das gesamte Gelände, das wir durchquert haben. Berge und Wälder und die vielen Gewässer, die jetzt im Sonnenlicht glitzern. Ich drehe mich ein Stück herum und zeige in östliche Richtung, auf eine monotone Landschaft, die sich von unserem Platz endlos in die Ferne zu ziehen scheint. Flach, grau und düster. Sie erstreckt sich auch in Richtung

Parkplatz und Auto, allerdings liegt sie etwas abseits und bildet eine andere Linie als die, über die wir gekommen sind. Ich erläutere August, dass wir jetzt diesen Weg einschlagen werden. Ich bin da nie zuvor entlanggegangen, glaube aber, dass es dort ganz schön ist, auch wenn es keine Wege gibt.

Normalerweise reagiert August in solchen Situationen fast immer mit grenzenlosem Enthusiasmus – nicht jedoch dieses Mal. Er schaut nach unten, zuckt mit den Schultern und wendet mir den Rücken zu. Dann setzt er sich hin und beginnt, an dem Navigationsgerät herumzufummeln, das unter der Abdeckung meines Rucksacks befestigt ist.

Langsam wird mir klar, dass er keine Lust hat, dieses einsame Felsplateau dort unten zu überqueren. Der Gedanke, noch weiter gehen zu müssen, womöglich mehrere Tage, behagt ihm nicht. Er ist erschöpft. Er sehnt sich nach Hause. Er hat seine ganze Aufmerksamkeit auf den Gipfel des Styggemann gerichtet, dann aber in seinem Eifer, das Ziel zu erreichen, anscheinend vergessen, dass wir den Weg auch wieder zurückgehen müssen. Es findet hier oben keine Siegerehrung statt, es werden keine Medaillen vergeben, und niemand ist da, der uns auf die Schultern nimmt und nach Hause trägt.

August hat sich tief über das Navi gebeugt und inspiziert das Gerät eingehend. Ich stehe neben ihm und frage mich, was ich jetzt tun soll. Ich bin in dieser Situation der Boss, und August muss sich meiner Entscheidung fügen. Ich kann also machen, was ich will. Ich kann ihn dazu zwingen, diesen extra langen Heimweg anzutreten, oder ich kann es sein lassen. Vielleicht gefällt es ihm ja nach einer Weile, vielleicht wird die letzte Etappe die schönste der ganzen Expedition.

Vielleicht aber auch nicht.

Die Entscheidung fällt mir nicht leicht. August ist schon ziemlich weit gelaufen, und die Expedition erstreckt sich mittlerweile über einen Zeitraum, der für einen kleinen Jungen fast unüberschaubar ist. In seiner Erinnerung wird die Expedition aus einer Reihe von Tagen bestehen, die nach und nach ineinander übergehen. Tage, die sowohl gleichförmig als auch verschieden waren. Kleine und große Erlebnisse, die ihm in dieser Landschaft im Alter von sieben Jahren widerfahren sind. Erlebnisse, die niemals wiederkommen, jedenfalls nicht auf dieselbe Weise.

Ich sage: »Wir vergessen die einsame Felslandschaft ohne Pfade. Wollen wir stattdessen lieber den kürzesten Weg zurückgehen? Wollen wir versuchen, noch heute zum Auto zu kommen?«

August lässt den GPS-Sender los und strahlt. Für einen Moment verwandelt er sich von einem mutlosen Jungen in einen Bergwanderer, der gar nicht schnell genug loslegen kann. Wir essen, packen die Rucksäcke, und als sich das Gelb der Sonne in Orange verwandelt, beginnen wir den langen Rückweg zum Auto.

ES WAR DER HELLSTE TAG, ein Wendepunkt im ewigen Kreislauf von Anfängen und Abschlüssen, die wir ein Jahr nennen.

An diesem Tag gingen wir immer weiter, marschierten den Nachmittag und Abend und hörten nicht eher auf, bis die Nacht hereinbrach. August flog geradezu über die Moore. Ich folgte ihm, so gut es ging, steif und kraftlos in Schultern und Rücken. Ich rief nach ihm, weil ich befürchtete, ihn aus den Augen zu verlieren. Einmal war er kurz davor, sich aus reinem Übermut in ein Moorloch hineinzubegeben. Da wurde ich sauer. Ich wies ihn zurecht und musste ihm danach erklären, dass ich nicht wütend war, wie er annahm, sondern dass ich fürchtete, ihm könnte etwas geschehen, denn diese Moorlöcher sind überaus tückisch.

Sobald die Sonne hinter den Bergen im Osten verschwand, wurde die Landschaft düster und etwas unheimlich. Wo es zuvor nach warmem Fels und Gras und Bäumen geduftet hatte, roch es jetzt nach Moor und Erde. Eine frühsommerliche Kühle lag in der Luft. Mit einem klaren und intensiven Geruch, der fast an einen Geschmack grenzte. Im Schutz des körnigen Halbdunkels kamen Mücken herangesegelt. Schon bald umkreisten sie Augusts blonden Kopf, aber es störte ihn nicht mehr.

MEINE GROSSELTERN MÜTTERLICHERSEITS lebten auf einem Hof, der einsam an einem großen See lag, umgeben von ausgedehnten Wäldern und hohen Hügeln. Großvater war Bauer und Holzfäller. Wenn er arbeitete, befand er sich im Wald oder auf dem Acker. Wenn er frei hatte, ging er in den Wald oder auf den Acker. Sein ganzes Leben vollzog sich in engem Kontakt mit der Natur. Er kannte sowohl die mit Arbeit verbundene Seite der Natur als auch deren vergnügliche Aspekte. Oft nahm er mich mit. Er brachte mir die Namen der Bäume und Blumen und Vögel und Tiere bei. Ich lernte, dass die Natur schön, aber auch gefährlich sein kann. Dass das Eis bricht, wenn du hinübergehst. Dass Elchkühe dich angreifen können, wenn du zwischen sie und ihr Kalb gerätst. Dass Moorlöcher tückisch sind. Dass man sich in einem Wald schnell verlaufen kann.

Ich erinnere mich an feuchte Herbsttage mit kaltem Wind und Regen und fallenden Blättern. Es waren Tage, an denen sich niemand vor die Tür wagte, Tage, die gänzlich aus dem Rahmen fielen, in dem für gewöhnlich das sogenannte Freizeitleben stattfindet. Ich selbst allerdings wollte so viel wie möglich im Freien sein, weil ich an diesen Tagen immer das Gefühl hatte, dass etwas Wichtiges geschah, dass es möglich wäre, einen besonders engen Kontakt zur Natur zu bekommen, den zu knüpfen an warmen Sonnentagen unmöglich war.

Diese Empfindung war im Übergang zwischen den Jahreszeiten immer am stärksten. Etwas Neues passierte, es war ein Übergang zwischen zwei Phasen des Kreislaufs, der das Jahr bestimmt. Es waren Veränderungen, die unendlich viele Male zuvor eingetroffen waren und jedes Jahr meines Lebens sowie danach eintreffen würden.

Die ersten Leberblümchen, die im Frühling auf einem nach Westen ausgerichteten Abhang erschienen, zwischen trockenem Vorjahreslaub und steifen, blattlosen Laubbäumen. Das Eis, das sich plötzlich auf die Seen legte. Wenn man in der Nähe war, konnte man es sehen; man konnte hören, wie sich die Wassermoleküle zusammenzogen und auf der Wasseroberfläche einen festen Deckel bildeten. Die Sommernächte, die so hell waren, dass es wirkte, als hätte jemand Puderzucker zwischen die Fichten im Wald gestreut, wenn ich mit meiner Mutter und meiner Großmutter zu einem See hinunterging, um Forellen zu angeln. Der intensive Duft nach Fichte, wenn mein Großvater mitten im Winter einen Baum fällte und wir danach auf grünen Fichtenzweigen saßen und Kakao aus einer Thermoskanne tranken. Der erste Herbstwind, der über die Äcker fegte, während wir über dem fetten Boden hockten und kugelrunde rote Kartoffeln aufsammelten, die unsere Nahrung für den Winter darstellten.

Jedes Jahr wartete ich auf diese Augenblicke.

Die ewige Wiederkehr aller Dinge.

Nichts war neu, alles war das Gleiche.

Genau deswegen wurde ich sie auch niemals leid.

Im Nachhinein habe ich verstanden, dass es sich dabei um eine Sicht auf die Natur handelt, die vielleicht einer anderen Zeit als der unsrigen angehört. Sie richtet sich mehr in die Vergangenheit als in die Zukunft. Meine Kinder wachsen in einer Welt auf, die sich sehr verändert hat. Viele Menschen wohnen heute in Städten oder Ballungsgebieten, in Wohnungen, Mietshäusern, Villenvierteln oder Trabantenstädten. Viel weniger Menschen wachsen in der Nähe eines Waldes, eines Gebirges oder des Meeres auf. Das gilt auch für meine Kinder. Sie haben weniger Zugang zur unberührten Natur, als ich es in ihrem Alter hatte.

Eltern von heute machen mit ihren Kindern organisierte Aktivitäten in der Natur. Das sogenannte Freizeitleben an frischer Luft. Sonntägliche Ausflüge in den Wald, auf einem kiesbedeckten Forstweg oder einem ausgewiesenen Wanderweg, mit Hinweisschildern, die die Richtung angeben oder verraten, wo sich die nächste Wanderhütte mit Kiosk befindet. Dort kann man auch Rosinenbrötchen und Kakao und die Wochenendzeitungen kaufen, man kann Fotos auf Instagram posten und trifft vielleicht sogar die Nachbarsfamilie am Nebentisch.

Es ist durchaus nichts Falsches an dieser Art von Naturerlebnis, und doch ist es etwas anderes. Der sonntägliche Waldspaziergang bietet den Rahmen für körperliche und mentale Erholung und ist daher mit Sicherheit gesund und wertvoll. Eine Aktivität, die einige Stunden in Anspruch nimmt, bis man wieder in seinem warmen Zuhause sitzt. Es erinnert an einen Cafébesuch, eine Tour ins Schwimmbad oder eine Laufrunde im Park. Dabei bewegt man sich durch die Natur und bringt seinen Kindern bei, dass diese Natur ein sicherer und komfortabler Ort ist, wo man im schlimmsten Fall Gefahr läuft, erschöpft oder durchnässt zu werden, von wo man aber auch schnell und einfach wieder zurück in die warme Sicherheit des Hauses findet, in dem man lebt.

Moderne Eltern haben den Kopf voller Ideale, denen sie gern entsprechen möchten. Wir wollen, dass unsere Kinder freier aufwachsen, als Menschen es jemals zuvor konnten, dass sie grenzenloses Vertrauen in ihre eigenen Fähigkeiten entwickeln und dass sie sich als einzigartig empfinden. Der kleinbürgerliche Kodex gilt noch immer als in höchstem Maße verachtenswert, wohingegen das Ideal von der uneingeschränkten Freiheit des Individuums unser Leitstern ist. Ich kann mich allerdings nicht von dem Gedanken befreien, dass auch das Umgekehrte eine wichtige Lehre beinhaltet – nämlich nicht zu glauben, dass man von sich aus so viel Bedeutung hat, sondern dass man in erster Linie im Verhältnis zu allem um sich herum jemand ist.

Als meine Kinder klein waren, war ich der Überzeugung, sie sollten die Möglichkeit haben, sich unter Bedingungen zu entwickeln, die so tolerant, inkludierend und optimal auf sie zugeschnitten waren, dass sie aus einem Ozean von Mittelmäßigkeit als zwei einzigartige Individuen hervorgehen würden. Nach einer Weile änderte ich meine Ansicht. Ich hörte auf, an sie zu glauben – nicht an meine Kinder, aber an die Träume, dass etwas Besonderes aus ihnen werden sollte. Was blieb, war der Wunsch, sie mit der Natur bekannt zu machen, weil ich glaubte, dass sich darin wichtige Erfahrungen verbargen, aus denen sie im Laufe ihres Lebens Nutzen ziehen könnten. Sollten sie dann später entscheiden, nach Tokio auszuwandern, um in einem heruntergekommenen Kellerlokal einen rund um die Uhr geöffneten Billardsalon zu betreiben: bitte schön! Ich jedenfalls begriff, dass ich ihnen die Möglichkeit geben musste, die Natur kennenzulernen und sie vielleicht sogar lieb zu gewinnen – sofern man ein solches Wort überhaupt benutzen kann für etwas, das dieses Gefühl definitiv nicht erwidern wird.

Darum geht es für mich beim Leben in der Natur mit Kindern. Ich kümmere mich nicht um Trainingseinheiten, um Leistung, um die Erfordernis, sich schnell zu bewegen oder hoch zu klettern. Meiner Ansicht nach bekommen Kinder im täglichen Leben zu Hause in der Stadt genügend Bewegung; die Muskulatur lässt sich auf Trampolinen oder an Bordsteinkanten trainieren. Etwas ganz anderes ist dieses Gefühl von Ewigkeit, das einen überkommt, wenn man sich in einer großen, natürlichen Landschaft befindet. Ein Gefühl, das dich sozusagen zurechtrückt, das dir etwas von den großen Zusammenhängen erzählt, von denen du ein Teil bist. Dieses Gefühl kann meines Erachtens nur in der Natur entstehen. Und da es in meinem Leben immer wichtig für mich gewesen ist, habe ich mich bemüht, es meinen Kindern beizubringen.

Aber wie macht man das?

Ich kann mich nicht erinnern, dass jemand zu mir als Kind einmal gesagt hat: »Sieh mal, der Mond! Lässt dich das nicht daran denken, wie klein du eigentlich bist?«

So funktionierte das nicht. Aber ich war Teil einer Gemeinschaft, deren Existenz in gewisser Weise auf der Prämisse beruhte, dass das Leben da draußen einen Eigenwert besitzt, etwas, dass es wert ist, erlebt zu werden. Etwas, das wichtig, ja vielleicht sogar ganz entscheidend ist.

Säugetiere, Vögel, Insekten, Fische, Blumen, Bäume.

Im Gebirge.

Im Wald.

An der Küste.

Frühling, Sommer, Herbst und Winter.

Die Natur ist nicht grundsätzlich gut. Sie ist indifferent, sie befindet sich jenseits unserer moralischen Begriffe. Sie ist ohne Schuld, so wie ein kleines Kind ohne Schuld ist. Wenn ein kleiner Junge sich verirrt und in einer verlassenen Gebirgslandschaft stirbt, kann man dies nicht dem Wald oder dem Gebirge oder den Mooren vorwerfen. So etwas passiert ohne Absicht, kein Wille liegt dahinter verborgen. Genau diese Gleichgültigkeit, die nicht menschliche Seite der Natur, zieht uns an. Aber wir fürchten sie auch.

Man kann nicht mit einem Sturm verhandeln oder einen über die Ufer tretenden Fluss zur Vernunft bringen. Man kann Frosttemperaturen nicht bitten, sich in Wärme zu verwandeln, und man kann dem Regen nicht befehlen aufzuhören.

Die Natur hat unzählige Möglichkeiten, dir das Leben zu nehmen. Ein Sturz. Ein Steinschlag. Ein Moorloch ohne Boden. Brechendes Eis. Ein umstürzender Baum.

Die Natur kümmert es nicht.

Selbst wenn du ein sechsjähriger Junge in kurzer Hose und ohne Schuhe bist, der gerade Geburtstag hatte.

WIR WAREN VIELE STUNDEN GELAUFEN, aber noch immer lag ein weiter Weg vor uns. Es wurde dunkler, und mit der Dunkelheit kam der Nebel. Er trieb über die schwarze Oberfläche der Gewässer und schuf eine magische, verzauberte Stimmung. Jeder Mensch sollte einmal in einer lichten Frühsommernacht durch die Natur streifen. Eines der schönsten Dinge, die es gibt.

Widerstrebend willigte August ein, eine Pause zu machen.

Wir aßen Nüsse und Knäckebrot und tranken Wasser, das nach Moorloch schmeckte.

Dann liefen wir weiter.

Aus purer Freude legte August Steine auf alle Wegzeichen, an denen wir vorbeikamen; ein Junge, der nichts einriss, sondern etwas aufbaute. Erst als wir den großen See in der Ferne erblickten, merkte ich, dass ich mit meinen Kräften am Ende war. Jetzt war ich der Skiläufer. Ich hatte die Grenze dessen überschritten, was ich bewältigen konnte.

Inzwischen war es Nacht geworden. Seit dem frühen Morgen waren wir gelaufen, gut möglich, dass wir seit vierzehn Stunden unterwegs waren.

Ich fragte August, ob wir das Zelt aufschlagen und die restliche Strecke am nächsten Morgen gehen könnten, aber mein Vorschlag wurde zurückgewiesen. Ich fragte, ob wir eine Pause machen könnten, aber auch das kam nicht infrage. August ging einfach immer weiter. Ich glaube nicht, dass er irgendetwas von seiner Umgebung wahrnahm. Er dachte an seine Mutter, an Helena, an die Katze, an sein Zimmer, an den Fußballklub Liverpool, ans Spielen und an seine Freunde daheim.

WAS WAR MIT HANS TORSKE seit dem Tag seines Verschwindens am 8. Juli 1894 geschehen, bis er, über ein Jahr später, am 29. Juli 1895 gefunden wurde? Wie lange war er in den Skrim-Bergen umhergeirrt, bevor er nicht mehr weiterkonnte? Tage? Wochen?

Was hatte er gedacht? War er in der Lage gewesen, zu verstehen, was mit ihm geschah? Sah er sein Schicksal kommen, oder war er wie ein Tier, das einfach immer weitergeht, bis es nicht mehr kann und sich dann hinlegt?

Es sind Fragen, auf die wir keine Antworten erhalten werden.

Ich habe mich allerdings mit Menschen unterhalten, die regelmäßig an Rettungsaktionen beteiligt sind. Die Antworten, die ich von ihnen bekam, hatten etwas Tröstendes:

»Er legte sich auf den Stein, weil er erschöpft war.«

»Er wollte ausruhen.«

»Er wollte neue Kräfte sammeln.«

»Er hat nicht begriffen, dass er sterben würde.«

Den ganzen Sommer hindurch liegt sein Körper da, umgeben von grünen Bäumen und weißem Wollgras und Insekten, die im Abendlicht wie Goldflocken aufblitzen. Es wird Herbst. Die Blätter wechseln die Farbe. Klare, kühle Regentropfen, die sich auf seine Wangen legen. Der Herbst geht in den Winter über. Der erste Nachtfrost. Eine feine Schicht aus Raureif überzieht den Körper des Jungen, der Wind zerzaust sein Haar. Und dann der Schnee. Schon bald hat er den Jungen, den Stein, das Moor und den ganzen Skrim unter sich begraben.

UM DIE SCHMERZEN ZU LINDERN, versuchte ich, den Rucksack auf verschiedene Arten zu tragen. Ich beugte mich vor, ich beugte mich nach hinten, ich beugte mich nach rechts, ich beugte mich nach links. Ich schob die Daumen unter die Schulterriemen und presste die Handflächen auf mein Kreuz. Die Muskeln hatten keine Energie mehr, die Sehnen schmerzten, nichts half. Als ich glaubte, nicht mehr weiterzukönnen, tauchte am Ende des Sees, wo wir zu Beginn unserer Expedition den Buchfinken gesehen hatten, die schwarze Wanderhütte auf. Wir liefen daran vorbei. Ein letztes Mal schaute ich nach Nordosten, auf den Styggemann.

Auf dem Kiesweg nahe der Stelle, wo der Wagen geparkt war, gab es eine Schranke. Als die Expedition begonnen hatte, hatte August gerufen: »Wenn wir zu dieser Schranke kommen, weiß ich, dass wir es geschafft haben.«

Am Ende des Wegs konnten wir die Schranke sehen.

August rannte los. Ich ließ ihn gewähren.

Wie ein Wirbelwind fegte er über den Kiesweg. Er wusste nicht mehr, dass er erschöpft war. Er hatte den Blick auf etwas gerichtet, das vor ihm lag, so, wie es die meisten Kinder seines Alters tun. Sie wollen weiter, fast das ganze Leben liegt noch vor ihnen, und wir, die Eltern, sind nur ein kleiner Teil davon. Einige Jahre sind sie bei uns, dann gehen sie in die große weite Welt hinaus. So gut es geht, rüsten wir sie für das Leben, aber wir können sie nicht zurückhalten. Irgendwann ist es unsere Aufgabe, sie loszulassen. Ein Gedanke, mit dem man sich nur schwer abfinden kann.

Ich schleppte mich die letzten Meter weiter. Ich dachte plötzlich, dass sich etwas in uns verändert hatte. Und ich hoffte, dass August sich an diese Expedition erinnern würde, dass sie ihm etwas bedeuten würde, auch dann, wenn ich nicht mehr da wäre.

August passierte den Schlagbaum und verschwand hinter der Kurve zum Parkplatz. Ich folgte ihm langsam, kurz davor, unter dem Gewicht meines Gepäcks zusammenzubrechen. Ich fischte die Autoschlüssel aus der Tasche des Rucksacks und dachte: Vielleicht sind unsere Kinder die einzigen Menschen, die wir wirklich kennen.

In der kurzen Zeit, die wir sie bei uns haben.

# Über die Arbeit an diesem Buch

Hans Torskes Verschwinden erregte seinerzeit große Aufmerksamkeit. Gleichwohl ist es nur spärlich dokumentiert. Ich habe die wenigen schriftlichen Quellen gelesen, die mir zugänglich waren; in erster Linie Zeitungsartikel, die das Geschehnis beschreiben – manche davon stammen aus jener Zeit, andere aus späteren Jahren. Außerdem habe ich alles gelesen, was ich an lokalhistorischer Literatur auftreiben konnte.

Es gibt mehrere Berichte über Hans Torskes Verschwinden, aber alle sind kurz und mangelhaft und ähneln einander so sehr, dass sich vermuten lässt, eine Quelle habe von der anderen abgeschrieben. Nur wenig ist genau beschrieben. Schon einige Wochen nach Hans' Verschwinden tauchen verschiedene Theorien über die Ursache auf, ebenso verschiedene Angaben darüber, wann er zuletzt gesehen wurde und was er damals tat. Später entstanden sogar Gerüchte, er sei von Landstreichern entführt oder von einem Bären gerissen worden. Auch über den Fundort gab es Gerede. Ich halte mich an die Annahme, dass er auf dem Stein gefunden wurde, wo heute die Gedenktafel befestigt ist, auch wenn manche Quellen berichten, man sei ganz in der Nähe auf einer tiefer liegenden Felspartie auf ihn gestoßen.

Wortwahl und Tonfall der Berichte erinnern eher an Abenteuer- oder Märchengeschichten als an historische Schilderungen. Vielleicht hat Hans Torskes Geschichte nach einer

Weile auch etwas von einem Märchen angenommen. Sie wurde zu einer Erzählung, die mündlich weitergegeben wurde und über Generationen hinweg in dieser Gegend kursierte. Weil sie einerseits etwas Ergreifendes und Universelles beinhaltete und weil sie als Warnung dienen sollte; ein Zeugnis der gnadenlosen und gefährlichen Natur.

Hans Torske hatte sich vor über hundert Jahren verirrt. Niemand von damals ist heute noch am Leben. In der Gegend von Kongsberg habe ich mit einigen Menschen gesprochen. Sie konnten mir wertvolle Informationen geben; viele von ihnen waren fortgeschrittenen Alters und hatten die Geschichte von ihren Eltern oder Großeltern erzählt bekommen.

In den digitalen Aufzeichnungen des Reichsarchivs und der Nationalbibliothek habe ich nach Informationen über das Ereignis gesucht, ebenso nach biografischen Angaben über Hans Torske und seine Eltern, Haagen und Henriette Petrine. Abgesehen von einer handschriftlichen Notiz in einem Kirchenbuch, die nach dem Auffinden seiner Leiche niedergeschrieben worden war, gibt es keine Angaben über Hans.

Man kann sich schnell auf Fakten fixieren, wenn man in alten Archiven sucht. Irgendwann wurde mir dann klar, dass ich niemals ausreichend Informationen finden würde, um die Geschichte voll und ganz zu rekonstruieren. Außerdem begriff ich, dass ich Hans Torskes Geschichte nicht auf Fakten beschränken konnte, sondern dass es das Allumfassende an seinem Schicksal war, das mich zum Schreiben angeregt hatte.

Meine Schilderungen des Jungen und wie er sich in dem Gebiet bewegt haben mag, basieren auf Informationen, die ich über Wetterverhältnisse, Beschaffenheit des Geländes und der Kleidung sowie über das in solchen Situationen typische Verhalten von Kindern zusammentragen konnte. Ich selbst habe die Strecke vom Breistul-Almhof zum Styggemann zurückgelegt und habe im Moor nahe dem Stein gestanden, wo Hans Torske gefunden wurde. Meine Beschreibungen des Geländes beruhen auf empirischen Daten aus erster Hand. Meine Betrachtungen darüber, was ihm unterwegs zugestoßen sein könnte, wo er entlanggelaufen und was er gedacht haben mag, hingegen sind frei erfunden, das reine Produkt meiner Fantasie.

# Mündliche Quellen

Ein großer Dank geht an Åse Malmanger, die mir nicht nur erzählte, was sie von Hans Torskes Geschichte weiß, sondern mich auch auf lokalhistorische Bücher hinwies und mich mit Menschen in der Gegend von Kongsberg bekannt machte, die etwas wussten oder wissen konnten. Bei Magne Lindtvedt und Jon Kjørstad bedanke ich mich für die wertvollen Informationen über den Breistul-Almhof, über den Betrieb von Almhöfen in früheren Zeiten, über Wetterverhältnisse und Tierhaltung am Skrim sowie über das Gebiet, in dem Hans Torske zuletzt gesehen wurde. Ein weiterer Dank gebührt Chefarzt Stephen Sollid von der Norwegischen Luftrettungszentrale, der mir mit seinem Wissen und seiner Erfahrung geholfen hat, zu rekonstruieren, was mit Hans Torske nach seinem Verschwinden geschehen sein mochte und was seinen Tod verursacht haben könnte. Ebenfalls möchte ich mich bei Elin Lundstad vom Meteorologischen Institut bedanken, die mir geholfen hat, Informationen über die Wetterverhältnisse zum Zeitpunkt von Hans Torskes Verschwinden aufzutreiben.

# Ich danke

meinem Lektor Sverre für unermüdliche Leserunden und die unschätzbare Hilfe bei der Entstehung dieses Buches. Ich danke Tarje, weil er dramaturgische Lösungen entdeckte, lange bevor ich sie sah. Ich danke Trude für ihren scharfen Blick und ihre klugen Ratschläge beim Lesen des Manuskripts. Ich bedanke mich dafür, dass sie und Helena uns auf Expedition ziehen ließen und uns aufnahmen, als wir wieder nach Hause kamen. Und schließlich, aber vor allem anderen: Danke, August, dass du dabei warst.